全国电子商务类人才培养系列教材

商品信息采编

微课版

熊俐 周虹 / 主编

章丽 邵胜春 李玮 / 副主编

人民邮电出版社

北 京

图书在版编目（CIP）数据

商品信息采编：微课版 / 熊俐，周虹主编. -- 北京：人民邮电出版社，2023.7
全国电子商务类人才培养系列教材
ISBN 978-7-115-61242-7

Ⅰ. ①商… Ⅱ. ①熊… ②周… Ⅲ. ①电子商务－商品信息－信息处理－教材 Ⅳ. ①F713.365

中国国家版本馆CIP数据核字(2023)第035006号

内 容 提 要

商品信息采编是电子商务相关专业的一门核心课程，旨在让读者了解商品信息采编的基础知识，掌握商品图片拍摄、后期处理等技能，并在此基础上掌握商品海报、商品主图、商品详情页的设计与制作方法。本书共7个项目，首先对商品信息采编的基础知识进行讲解，包括商品信息基础知识、商品拍摄基础知识、商品图片处理软件 Photoshop 等；然后分类介绍了服装鞋帽商品信息采编实战、珠宝首饰商品信息采编实战、美妆护肤商品信息采编实战、美食商品信息采编实战等内容。本书可帮助读者在掌握商品信息采编理论知识、基本流程、相关技能的同时，提升读者的学习能力和设计美化能力。

本书提供 PPT、教学大纲、电子教案等资源，用书教师可登录人邮教育社区免费下载。

本书可作为商品信息采编相关课程的教材，也可作为从事商品信息采编、网店商品拍摄相关工作人员的参考用书。

◆ 主　　编　熊　俐　周　虹
　　副主编　章　丽　邵胜春　李　玮
　　责任编辑　孙燕燕
　　责任印制　李　东　胡　南

◆ 人民邮电出版社出版发行　　北京市丰台区成寿寺路 11 号
　　邮编　100164　　电子邮件　315@ptpress.com.cn
　　网址　https://www.ptpress.com.cn
　　三河市君旺印务有限公司印刷

◆ 开本：700×1000　1/16
　　印张：14.25　　　　　　　　2023 年 7 月第 1 版
　　字数：272 千字　　　　　　2025 年 6 月河北第 3 次印刷

定价：69.80 元

读者服务热线：(010)81055256　印装质量热线：(010)81055316
反盗版热线：(010)81055315

PREFACE

前 言

　　我国电子商务经历20多年的发展，电子商务企业的数量与日俱增，网店之间的竞争日益激烈；越来越多的人意识到网店商品详情页的重要性，开始投入商品信息采编的工作中。商品信息采编人员要想从众多竞争者中脱颖而出，不但需要具备扎实的理论知识，而且需要掌握一定的商品信息采编技能。党的二十大报告指出，教育、科技、人才是全面建设社会主义现代化国家的基础性、战略性支撑。加快建设国家战略人才力量，努力培养造就更多大师、战略科学家、一流科技领军人才和创新团队、青年科技人才、卓越工程师、大国工匠、高技能人才。为了培养更多优秀的具有商品信息采编技能的人才，很多高校也纷纷开设商品信息采编课程并将其作为电子商务专业的一门核心课程。基于此，编者编写了本书。

　　本书从电子商务商品信息采编的岗位职责与技能要求入手，以应用和实用为原则，紧贴商品信息采编岗位人才需求，完整并系统地介绍了商品信息采编的基础知识和实战方法。

　　本书特色如下。

　　（1）结构合理，形式新颖。本书按照"课前导学"+"课中学"+"课后提升案例"+"课后跟踪实训"+"课后自测题"的结构进行编写。另外，书中还精心设置了"专家指导""课堂讨论""知识拓展"等模块，可以激发读者的学习兴趣。

（2）案例丰富，注重实操。本书结合商品信息采编岗位的实际要求进行内容讲解，并对读者需要掌握的各种技能以案例的形式进行展示。读者通过生动、丰富的案例展示，便于快速掌握商品信息采编的方法和技巧。

（3）立德树人，提升综合素养。为更好地落实立德树人这一根本任务，编者根据二十大精神，专门设置了"素养提升"板块，有助于读者形成正向、积极的世界观、人生观和价值观，提升综合素养。

（4）配套资源丰富，支持教学。本书提供素材文件、高清微课视频、PPT课件、教学大纲、电子教案等教学资源，授课教师可登录人邮教育社区（www.ryjiaoyu.com）免费下载使用。

本书由熊俐、周虹担任主编，章丽、邵胜春、李玮担任副主编。由于编者水平所限，书中难免会有疏漏和不足之处，欢迎各位读者批评指正。

编　者

2023年5月

CONTENTS

目 录

项目3　商品图片处理软件 Photoshop ········· 62

项目4　服装鞋帽商品信息 采编实战 ············· 96

项目 **1**

商品信息基础知识

课前导学

　　随着电子商务（以下简称"电商"）的快速发展，越来越多的人开始投入电商行业。要想让自己的商品从众多竞争商品中脱颖而出，商品信息采编人员就必须掌握商品信息基础知识，不断总结经验和教训。本项目将讲述商品信息采编、商品分类、商品目录和商品编码、商品条码等知识。

教学目标

知识目标

- 熟悉商品信息采编知识
- 理解商品分类的定义和作用
- 了解商品目录和商品编码的概念
- 理解商品条码知识

技能目标

- 掌握商品信息采编的工作流程
- 掌握商品分类的依据和方法
- 掌握商品目录和商品编码的方法
- 掌握一维条码和二维条码的生成方法

素养目标

- 对商品信息有初步认识，做好商品分类与编码
- 商品信息采编要遵守真实全面原则，不得弄虚作假

【课中学】

任务1.1　商品信息采编认知

要想准确认知商品信息采编，商品信息采编人员就需要先对商品信息采编的定义及作用、商品信息采编岗位职责与技能要求、商品信息采编的工作流程等有所了解。

1.1.1　商品信息采编的定义及作用

商品信息采编指商品信息的采集与编辑。在电商领域中，商品信息采编工作主要包括商品图片拍摄、商品图片处理、商品促销海报制作、商品视频制作、商品详情页设计等，旨在为消费者传达准确、清晰、详细的商品信息。

商品信息采编在电商领域中的主要作用如下。

1. 传递商品信息

商品信息采编人员可以将商品信息清晰完整地展现在商品图片和商品详情页中。商品图片不仅要吸引人、清晰漂亮，还要向消费者传递丰富的商品信息，如商品的大小、商品的材质等看不准、摸不着的信息。商品详情页是商品信息的主要展示页面，在商品详情页中，商家可以清晰地介绍商品信息和商品卖点，通过对商品进行包装，达到刺激消费者产生购物欲望的目的。图 1-1 所示为商品详情页传递商品信息的示例。

图1-1　商品详情页传递商品信息的示例

专家指导

　　一幅好的商品图片起码应该能反映商品的类别、款式、颜色、材质等基本信息，在这个基础上，商品图片还要拍得清晰、主题突出以及颜色还原准确。

2. 塑造品牌形象

　　专业的商品拍摄以及精美漂亮的商品详情页设计，能提高消费者对网店的信任度，增加消费者的停留时间，提高消费者的访问深度和点击率等，增加消费者对网店的好感，从而有助于塑造积极正面的品牌形象。

　　图 1-2 所示的经过商品信息采编的商品详情页给消费者带来了良好的购物体验，增加了消费者对网店的好感，塑造了品牌形象。

图1-2　利用商品详情页塑造品牌形象

3. 提高转化率

　　提高转化率是商品信息采编的终极目标。经过信息采编的商品图片、商品详情页，可以带给消费者美的感受，能让消费者在浏览网店时感到舒心，即便长时间停留也不会产生视觉疲劳。好的商品在诱人的商品图片和商品详情页文案的衬托下，更有利于成交。

一些服装店采取真人实拍的方式展示商品，相比平铺的衣服图片，真人实拍的衣服图片更能体现衣服的试穿效果，吸引消费者的眼球，从而提高商品转化率，如图1-3所示。

图1-3　平铺的衣服图片和真人实拍的衣服图片

素养提升

深圳的姚先生经营淘宝店铺，一年下来才做成了一单生意，还被消费者举报，被工商部门罚款两万元。他为什么会被消费者举报呢？

在商品详情页优化方面，姚先生没有展示真实的商品信息，而是采用了夸张的、虚假的商品信息。他的商品宣传语是"最好的体验、最好的服务、最好的质量……"，短语开头都是"最好"两个字。为何消费者要因宣传语而投诉姚先生呢？因为他的这则宣传语违反了《消费者权益保护法》相关条例。

《消费者权益保护法》第二十条第一款规定："经营者向消费者提供有关商品或者服务的质量、性能、用途、有效期限等信息，应当真实、全面，不得作虚假或者引人误解的宣传。"

《消费者权益保护法》第五十五条第一款规定："经营者提供商品或者服务有欺诈行为的，应当按照消费者的要求增加赔偿其受到的损失，增加赔偿的金额为消费者购买商品的价款或者接受服务的费用的三倍；增加赔偿的金额不足五百元的，为五百元。法律另有规定的，依照其规定。"

网店从业人员要坚守守法经营、诚信经营，以诚信企业、诚信品牌、诚信质量为目标，让消费者放心、满意，做到合法经营、诚实守信、主动承担社会责任。商家要严格遵守相关法律法规及政策，做到不降低质量、不制假售假、不发布虚假违法广告。

1.1.2 商品信息采编岗位职责与技能要求

企业电商运营部门、电商视觉设计公司、普通网店在设置商品信息采编岗位时，会根据自身性质划分出不同的岗位，并规范各岗位的职责与技能要求，如表 1-1 所示。

表 1-1 商品信息采编岗位职责与技能要求

性质	岗位	职责与技能要求
企业电商运营部门	主管	负责日常的商品信息采编活动，对商品信息采编进行统筹管理
	设计师	负责商品素材的搜集和拍摄，商品图片的处理，商品主图的制作，以及网店首页、商品详情页、活动促销页等的相关设计工作
电商视觉设计公司	摄影师	根据不同类别商品的拍摄要求布置拍摄场景与灯光，调试相机参数，选择拍摄角度与距离，进行商品图片的拍摄
	文案人员	负责相关商品详情页文案的撰写，要求掌握商品的详细信息，包括品牌、卖点、功能、规格、性价比、细节、材质等，并具有深厚的文案写作功底
	美工人员	熟练运用Photoshop处理商品图片，负责商品图片大小的调整、商品图片的色彩调整、抠取商品图片、商品图片的修饰
	页面制作人员	掌握淘宝、京东、拼多多等电商平台的规则，熟悉页面各模块的尺寸大小、商品图片尺寸要求，还要掌握版面构图，对页面的整体风格进行把握，制作网店首页、商品详情页、活动促销页
普通网店	商品信息采编人员（或商家）	普通网店对商品信息采编人员的要求比较全面，商品信息采编人员不仅需要掌握商品摄影、图片处理的方法和技巧，还需要掌握页面设计与网店装修等

1.1.3 商品信息采编的工作流程

商品信息采编的工作流程一般包括 3 个环节：商品拍摄、商品图片处理、主图与商品详情页设计。下面对不同环节的流程进行介绍。

1. 商品拍摄流程

商品信息采编人员首先要全面了解商品信息，如商品外观与外包装、商品规格与型号、商品使用方法；然后制定拍摄方案，如拍摄的风格、拍摄的场地、拍摄的器材、拍摄的角度、拍摄的细节等；最后根据拍摄方案拍摄商品。商品拍摄流程如图 1-4 所示。

图1-4　商品拍摄流程

2. 商品图片处理流程

商品信息采编人员先将拍摄好的商品图片导出到本地计算机上，然后通过 Photoshop 等图片处理软件对商品图片进行裁剪或尺寸调整，最后美化商品图片，如调整饱和度和亮度、修复瑕疵等，让商品图片变得更美观。商品图片处理流程如图 1-5 所示。

图1-5　商品图片处理流程

3. 主图与商品详情页设计流程

主图与商品详情页设计流程如图 1-6 所示，包括为商品编写文案，对主图与商品详情页进行设计。

图1-6　主图与商品详情页设计流程

任务1.2　商品分类认知

微课　扫一扫

商品分类认知

商品分类是电商平台交易中商家认识商品、选择商品、管理商品的手段和方法，合理的商品分类可以使网店的商品更加清晰，方便消费者快速浏览与查找自己想要的商品。

 课堂讨论

说一说什么是商品分类，常用的商品分类方法有哪些。

1.2.1 商品分类的定义和作用

1. 商品分类的定义

商品分类是为了达到一定的目的，按照一定的标准，科学、系统地将商品分成若干不同类别的过程。商品一般可划分为大类、中类、小类和细目等类目层次。

商品大类一般根据商品生产和流通的行业来划分，如五金类、化工类、食品类等。

商品中类是指具有若干共同性质或特征的商品总称，如食品类商品又可分为蔬菜和水果、肉和肉制品、酒类、饮料等。

商品小类是对商品中类的进一步划分，需体现具体的商品名称，如酒类商品分为白酒、啤酒、葡萄酒、果酒等。

商品细目是对商品小类的详细区分，它能更具体地反映商品的特征，如飞天茅台酒。

商品的类目层次及其应用实例如表 1-2 所示。

表 1-2　商品的类目层次及其应用实例

类目层次	应用实例 1	应用实例 2	应用实例 3
商品大类	图书	家用电器	服装
商品中类	人文社科类图书	大家电	女装
商品小类	历史书	空调	羽绒服
商品细目	中国史	立柜式空调	长款羽绒服

2. 商品分类的作用

商品分类的作用如下。

（1）商品分类为各项社会经济管理活动的实施奠定了科学基础。

（2）商品分类有利于商品标准化的实施和商品质量标准的制定。

（3）商品分类便于消费者识别和选购商品。

（4）商品的科学分类可以规避部分商品被下架或禁止销售的风险。

（5）商品的科学分类可以避免一定的流量损失。

📋 知识拓展

商品分类的原则

商品分类的一般原则如下。

（1）科学性原则：建立分类体系前，必须明确目标、确定范围、统一名称、选好标准。

（2）系统性原则：以分类对象的稳定本质属性特征作为分类标志，将分类对象按一定的顺序排列，使每个分类对象在该序列中都占有一个位置，并反映出它们之间既有联系又有区别的关系。

（3）实用性原则：充分考虑商品属性和受众的浏览习惯。

（4）兼容性原则：相关的各个分类体系之间应具有良好的对应与转换关系。

（5）可扩展性原则：商品分类应考虑科技进步、新品不断涌现的情况，在设置商品分类体系时，要留出足够的空位来安置新品，即商品分类体系应具有可扩展性。

1.2.2　商品分类方法

商品分类方法包括两种：线分类法和面分类法。

1. 线分类法

线分类法也称层级分类法，是指将分类对象按所选定的若干分类依据逐级分成相应的若干个层级类目，从而形成一个有层次、逐级展开的分类体系。线分类法的一般表现形式是按大类、中类、小类等不同的类目逐级展开。图 1-7 所示为线分类法结构图。

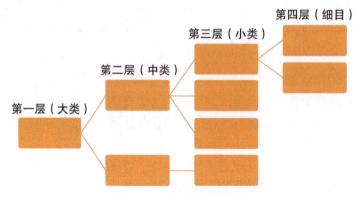

图1-7　线分类法结构图

相对于由它直接划分出来的下一级类目而言称为上位类。

由上位类直接划分出来的下一级类目称为下位类。

由一个类目直接划分出来的下一级类目，彼此之间称为同位类。

在这个分类体系中，同位类的类目之间存在并列关系，既不重复，也不交叉，当前位类的类目与上位类的类目之间存在隶属关系。

线分类法实例如图 1-8 所示。

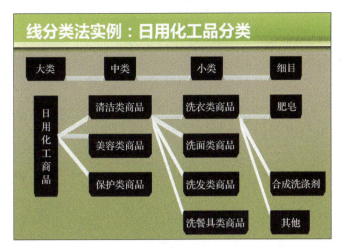

图1-8　线分类法实例

专家指导

（1）线分类法的优点：信息容量大，有层次，能较好地反映类目之间的逻辑关系。

（2）线分类法的缺点：结构弹性差，一旦确定了分类深度、每一层级的类目容量和划分依据，要想变动某一个类目的位置就比较困难。

2．面分类法

面分类法又称平行分类法，是指将所选定的分类对象的若干分类依据视为若干个面，再将每个面划分为彼此独立的若干个类目，从而形成一个由若干个面构成的平行分类体系。面分类法结构图如图 1-9 所示。

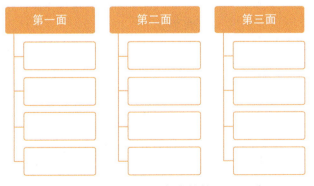

图1-9　面分类法结构图

服装可以采用面分类法分类：把服装的原材料、穿用对象、款式视为 3 个相互之间没有隶属关系的面，再将每个面分成若干个类目；使用时，将有关类目组配起来，如纯棉男式西装、纯棉女式连衣裙等。面分类法实例如图 1-10 所示。

图1-10 面分类法实例

专家指导

（1）面分类法的优点：结构具有较大弹性，有较强的适用性，可实现按任何面的信息进行商品检索。

（2）面分类法的缺点：容量小。

1.2.3 商品分类依据

课堂讨论

说一说常见的商品分类依据有哪些。

商品分类依据是编制商品分类体系和商品目录的基础。商品用途、商品原材料、商品生产加工方法、商品化学成分等是商品的本质属性和特征，也是常见的商品分类依据。

1. 商品用途

以商品用途作为商品分类依据，能直接表明各类商品的用途，可与消费者的需求对口，方便消费者选购。以商品用途作为商品分类依据，不仅适用于对商品大类的划分，也适用于对商品小类的进一步划分。商品按照用途可分为食品、穿着用品、日用工业品、日用杂品等。

按商品用途分类，便于消费者比较具有相同用途的各种商品的质量水平、产销情况、性能特点、效用，能促使生产者提高质量、增加品种，并且能方便消费者选购。

2. 商品原材料

商品原材料是决定商品质量和性能的重要因素，以原材料为依据的分类方法是重要的商品分类方法之一。此种分类方法适用于那些原材料来源较多且对性能起决定性作用的商品，如纺织品按照原材料可以分为棉织品、麻织品、丝织品、毛织品、化纤制品等。那些由多种原料制成的商品，尤其是加工程度较高的商品，如汽车、电视机、洗衣机、电冰箱等不宜将原材料作为分类依据。

3. 商品生产加工方法

商品生产加工方法可直接说明商品质量和商品品种的特征，特别适用于那些可以选用多种生产加工方法制造的商品，如酒按酿造方法可以分为蒸馏酒、发酵原酒、配制酒等。

4. 商品化学成分

以商品化学成分为依据进行分类，便于研究某类商品的特征及其储存和使用方法等。这种分类方法适用于化学成分对性能影响较大的商品。商品化学成分是形成商品质量和性能，影响商品质量变化的基本因素。例如，钢材按化学成分可以分为低碳钢、中碳钢、高碳钢、合金钢等。

任务1.3　商品目录和商品编码

微课 扫一扫

商品目录和商品编码

在进行商品信息采集时，商品目录和商品编码也是非常重要的，下面介绍商品目录和商品编码的相关知识。

1.3.1　商品目录

商品目录是在商品逐级分类的基础上，用表格、符号和文字全面记录商品分类体系和编排顺序的文件。

任何一种商品都应该属于某个目录，目录最好采用树形结构，支持无限分级，但是最常见的是分为二至三级。阿里巴巴 1688 网的目录如图 1-11 所示，每个一级目录下还有二级／三级子目录等，三级目录就能满足大部分消费者的查找需求了。

图1-11　阿里巴巴1688网的目录

　　商品目录好比超市里的货架、图书馆里的藏书分区，我们去图书馆借书时，一般都会先确定自己要借的图书的类型，如人文历史类、科学技术类、小说类、教辅类等，然后在对应的分区中找到自己需要的图书。商品目录的作用也是如此，它是搜索的基础，如果没有商品目录，电商平台的站内搜索功能可以说毫无意义。

　　由于编制目的和作用不同，商品目录的种类很多。例如，按用途不同，商品目录可分为食品商品目录、纺织品商品目录、家电商品目录、化工原料商品目录等；按编制对象不同，商品目录可分为工业商品目录、贸易商品目录和进出口商品目录；按适用范围不同，商品目录可分为国际商品目录、国家商品目录、部门商品目录、企业商品目录等。

 **专家指导**

　　商品目录分为前端目录和后端目录。前端目录是给消费者看的，后端目录是给供应商和商家自己看的。

1.3.2　商品编码

　　商品编码又称商品代码或商品代号、货号，它是被赋予某种或某类商品的一个或一组有序的符号，是便于人或计算机识别与处理的代表符号。商品编码是商品目录的组成部分，商品的科学分类为编码的合理性创造了条件。

商品编码可以用于区分不同产地、不同原材料、不同色泽、不同型号的商品品种；便于企业经营管理、计划、统计、物价和核算等工作的开展，有助于避免差错，提高工作效率；为计算机进行数据处理创造了条件。

1. 商品编码类型

常用的商品编码类型有 4 种：数字型编码、字母型编码、混合型编码和条码。

（1）数字型编码。数字型编码是由阿拉伯数字组成的代码。数字型编码是国际上应用最为广泛的一种代码，其结构简单、使用方便、易于推广，便于利用计算机进行处理。

（2）字母型编码。字母型编码是由一个或若干个字母组成的代码。用字母对商品进行分类编码时，一般用大写字母表示商品大类，用小写字母表示其他类目。字母型编码便于记忆，但当分类对象数目较多时往往会出现重复现象，所以字母型编码不常被人们使用。

（3）混合型编码。混合型编码又称数字、字母混合型编码，是由数字和字母混合组成的代码。字母常用于表示商品的产地、性质等特性，可放在数字前或数字后，用于辅助数字型编码。

（4）条码。条码是由条形符号构成的图形代码，它是数字型编码、字母型编码和混合型编码的另一种表现形式。

2. 商品编码方法

常用的商品编码方法有 4 种：顺序编码法、层次编码法、系列编码法、平行编码法。

（1）顺序编码法。顺序编码法是按商品类目在分类体系中出现的先后顺序，依次给予其顺序代码的一种编码方法。顺序编码是编码设计的基本技术。

顺序编码法的主要优点是代码简单，点位少，容易设计，便于利用代码对编码对象进行控制和管理，这是因为每个编码对象都有一个确定的代码。

（2）层次编码法。层次编码法是以编码对象的从属、层次关系为排列顺序而编制代码的一种方法。这种方法常用于线分类体系，编码时将代码分成若干层次，并与编码对象的分类层级相对应。代码自左至右表示层级由高至低，代码左端表示最高层级，右端表示最低层级，各层级的代码常采用顺序代码或系列顺序代码。

图 1-12 所示的层次编码法示例用 8 位阿拉伯数字来表示代码，第一位表示第一层级的类目，第二位表示第二层级的类目，以此类推。

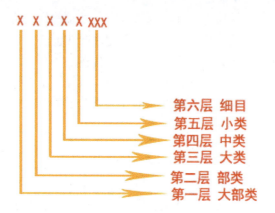

图1-12　层次编码法示例

层次编码法的优点是代码较简单，逻辑性较强，信息容量大，能明确地反映出编码对象的属性或特征及其相互关系，便于计算机汇总数据。

层次编码法的缺点是弹性较差，为延长其使用寿命，往往要延长代码长度，预先留出相当数量的备用号码，但这样会造成号码的冗余。

（3）系列编码法。系列编码法是特殊的顺序编码法，通常是将顺序代码分为若干段，使其与编码对象的分段一一对应，并赋予每段分类编码以一定的顺序代码的编码方法。

系列编码法的优点是可以赋予编码对象一定的属性和特征，提供有关编码对象的某些附加信息，但是附加信息的确定要借助于代码表。其缺点是当系列顺序代码过多时，会影响计算机的处理速度。

我国国家标准《全国主要产品分类与代码第1部分：可运输产品》（GB/T 7635.1—2002）中"小麦"（第五层级，小类类目）在进一步细分到第六层级（细类类目）时，"冬小麦""春小麦"的代码便采用了系列编码法，如图1-13所示。

第五层级（小麦）代码	01111	小麦
第六层级（细类代码）	01111·010	冬小麦
（与第五层级代码之间用圆点隔开）		
	01111·011	白色硬质冬小麦
	01111·012	白色软质冬小麦
	01111·013	红色硬质冬小麦
	01111·014	红色软质冬小麦
	01111·101	白色硬质春小麦
	01111·102	白色软质春小麦
	01111·103	红色硬质春小麦
	01111·104	红色软质春小麦

图1-13　系列编码法示例

（4）平行编码法。平行编码法是将编码对象按其特征分成若干个面，再把每个面内的类目的顺序代码加以组合形成新代码的方法。这种方法常用于面分类体系，编码时需按照面的排列顺序将各个面内类目的代码分别加以组合。

平行编码法的优点是代码结构有较好的弹性，可以比较简单地增加面的数目，必要时还可更换个别面。其缺点是代码过长，代码容量低。

服装的平行编码如表 1-3 所示，若是全毛淑女西装，则其编号为（ahl）。

表 1-3　服装的平行编码

全毛（a）	男装（i）	西装（1）
全棉（b）	童装（1ii）	大衣（2）
毛绦（c）	淑女装（h）	连衣裙（3）
丝麻（d）	婴儿装（iv）	衬衫（4）

任务1.4　商品条码认知

商品条码自动识别技术是一种快速、适时、准确地收集、储存与处理信息的高新技术，是建立信息网络，实现电子数据交换，开展安全检测，增强竞争能力不可缺少的技术工具和手段。

1.4.1　商品条码概述

商品条码（也称商品条形码）是由一组粗细不同、黑白（或彩色）相间的条、空及对应字符按规则组合起来，用以表示一定信息的图形，如图 1-14 所示。

图1-14　商品条码

商品条码的分类主要依据编码结构和条码的性质来决定。商品条码分为一维条码和二维条码。一维条码是我们通常所说的传统条码，二维条码是用某种特定的几何图形按一定规律在平面分布的、记录数据符号信息的图形。

商品条码技术是一种很重要的信息标识和信息采集技术，目前在全球范围内得到了急速发展。在我国，以商品条码技术为代表的自动识别技术，更是广泛应用于各行业。

国内商品条码技术的推广和应用是从 20 世纪 80 年代开始的，商品条码技术刚开始应用于商业零售领域，到现在为止，商品条码技术已经在运输、物流、电商、商品溯源等多个领域得到了广泛应用。

1988 年 12 月，经国务院批准，作为我国统一组织、协调、管理全国商品条码、物品编码的专门机构，中国物品编码中心正式挂牌成立。中国物品编码中心成立之后，非常重视商品条码相关标准的研究和制定。1991 年，全国首批 5 项条码国家标准发布实施。其中《商品条码 零售商品编码与条码表示》（GB 12904—2008）是商品条码系列标准中最为重要的标准之一，经历了数次修订，它规定了零售商品的编码、条码表示，以及条码的技术要求和质量判定规则。有了商品条码的系列国家标准，企业在使用商品条码时就有了依据，也打开了商品进入供应链的闸门，从而促进了经济的良性循环。

在电商领域，商品条码作为电商平台中商品的唯一身份标志来保持交易主体的一致性，从而快速提高交易效率，真正实现无纸化贸易。消费者也可以通过微信、淘宝、京东等手机 App 扫描商品条码获取商品信息，如图 1-15 所示。

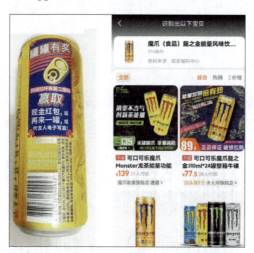

图1-15　扫描商品条码获取商品信息

在食品行业，尤其是有追溯需求的海鲜、肉类、果蔬、乳制品等细分行业，商品条码得到了广泛应用。图 1-16 所示为通过手机扫码查看商品信息的示例，这样使消费者可以直接了解商品来源，真正做到来源可追溯、去向可追踪、责任可追究。

图1-16　通过手机扫码查看商品信息

　　零售行业是商品条码应用最为广泛的行业之一，几乎所有的零售商品都使用了商品条码，涉及食品、日化等领域。在超市里，商品上都印制着含 13 位阿拉伯数字的商品条码，消费者只需拿起商品走到收银台或自助结算机（见图 1-17）前，就可以快速购买自己需要的商品，这大大提高了结算效率，减少了消费者的等待时间，避免了因人为差错所造成的经济损失和管理上的混乱。

图1-17　自助结算机

1.4.2　一维条码

　　一维条码由条和空组成，能传达一定的信息，并能够被特定的设备识读，转换成计算机可处理的二进制和十进制信息。常用的一维条码包括国际物品条形码（简称 EAN 条码）、通用商品条码（简称 UPC 条码）、交叉二五条码（简称 ITF条码）。

1. 国际物品条形码——EAN条码

国际物品条形码是国际物品编码（European Article Number，EAN）协会制定的一种长度固定的国际通用商品条形码，由数字组成，主要用于超市或一些自动销售系统售卖的单件商品。

EAN 条码有两种版本——标准版和缩短版。标准版为 13 位数字，又称 EAN-13 条码；缩短版为 8 位数字，又称 EAN-8 条码。两种条码的最后一位为校验位，由前面的 12 位或 7 位数字计算得出。

（1）EAN-13 条码。标准版 EAN 条码又称 EAN-13 条码，这种条码由 13 位数字组成，EAN-13 条码既可用于商品销售包装，又可用于商品储运包装。在通常情况下，我们应尽量选用 EAN 条码，尤其是 EAN-13 条码。

当前缀码为 690、691 时，EAN-13 条码的结构如图 1-18 所示。

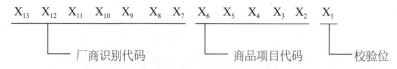

图1-18　EAN-13条码的结构

当前缀码为 692、693 时，EAN-13 条码的结构如图 1-19 所示。

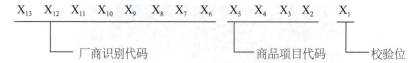

图1-19　EAN-13条码的结构

- 厂商识别代码：由中国物品编码中心统一向申请厂商分配；左起 3 位数字为由 EAN 分配给中国物品编码中心的前缀码。
- 商品项目代码：由厂商根据有关规定自行分配。
- 校验位：用来校验其他代码的正误。

（2）EAN-8 条码。EAN-8 条码只用于商品销售包装。当商品销售包装上没有足够的面积印刷 EAN-13 条码时，可使用 8 位数字代码，即 EAN-8 条码，这种条码也称缩短版 EAN 条码。EAN-8 条码的结构如图 1-20 所示。

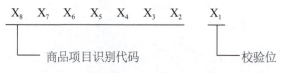

图1-20　EAN-8条码的结构

- 商品项目识别代码：是在 EAN 分配的前缀码（$X_8X_7X_6$）的基础上分配给

厂商的特定商品项目的代码；为了保证唯一性，商品项目识别代码须由中国物品编码中心统一分配。

- 校验位：用来校验其他代码的正误。

假设分配给某企业的厂商识别代码为 6901234，表 1-4 给出了其部分商品的编码方案。

表 1-4 编码方案

商品品种	商标	剂型、规格与包装			商品项目代码
清凉油	天坛牌	搽剂	固体	棕色 3.5g/盒	6901234 00000 9
				3.5g/盒 6 9 0 1 2 3 4 00001 6 19g/盒 6 9 0 1 2 3 4 00002 3	
			白色	19g/盒 6901234 00003 0	
		液体		3ML/瓶	6901234 00004 7
				8ML/瓶 6901234 00005 4	
				18ML/瓶 6901234 00006 1	
		吸剂（清凉油鼻舒）		1.2g/支	6901234 00007 8
	龙虎牌	黄色		3.0g/盒	6901234 00008 5
				10g/盒 6901234 00009 2	
		白色		10g/盒	6901234 00010 8
			18.4g/瓶	6901234 00011 5	
		棕色		10g/盒	6901234 00012 2
			18.4g/瓶	6901234 00013 9	
		吸剂（清凉油鼻舒）		1.2g/支	6901234 00014 6
	ROYAL BALMT	运动型棕色强力装		18.4g/瓶	6901234 00015 3
		关节型原始白色装		18.4g/瓶	6901234 00016 0
风油精	龙虎牌	8ML/瓶			6901234 00017 7
		3ML/瓶			6901234 00018 8
家友（组合包装）	龙虎牌	风油精 1ML，清凉油鼻舒0.5g/支			6901234 00019 1

根据表 1-4 可知以下几点。

• 商品品种不同应编制不同的商品项目代码，如清凉油与风油精是不同的商品品种，所以其商品项目代码不同。

• 即使属于同一品种的商品，如果商标不同，也应编制不同的商品项目代码，如天坛牌风油精与龙虎牌风油精，二者商标不同，所以应编制不同的商品项目代码。

• 商标相同、品种相同，如果剂型不同，商品项目代码也应不同，如天坛牌清凉油搽剂与吸剂的商品项目代码不同。

• 品种、商标、剂型都相同的商品，如果商品规格或包装规格不同，也应编制不同的商品项目代码，如天坛牌清凉油棕色固体搽剂中，3.5g/ 盒与 19g/ 盒、3.5g/ 盒与 3.5g/ 袋，其商品项目代码各不相同。

2. 通用商品条码——UPC条码

通用商品条码（简称 UPC 条码）是美国统一代码委员会（UCC）于 1973 年制定的一种代码，主要用于美国和加拿大。UPC 条码仅可用数字表示，故其字码集为数字 0 ~ 9。

UPC 条码的组成如图 1-21 所示。

图1-21　UPC条码的组成

图 1-22 中商品标识码为 UPC 条码的前 6 位（639382），后 5 位（00039）是商品号，最后一位是校验位，扫描器通过校验位判断是否扫描了正确的 UPC 条码。

3. 交叉二五条码——ITF条码

交叉二五条码又称 ITF 条码，主要用于商品运输包装，是印刷条件较差，不允许印刷 EAN-13 条码和 UPC 条码时可选用的一种条码。商品运输包装使用的主要是由 14 位数字字符代码组成的 ITF 条码，如图 1-22 所示。

ITF 条码适用于需要在小空间内表现更多信息的情况。它可用作箱板纸包装箱上的标准分布码。同其他条码相比，在一样大小的标签上，ITF 条码可以容纳更多信息。

图1-22　ITF条码

1.4.3　二维条码

二维条码又称二维码，使用黑白矩形图案表示二进制数据，被设备扫描后可显示其所包含的信息。二维码通常为利用横向和纵向二维空间存储信息的方形结构条码，图 1-23 所示为二维码。

由中国物品编码中心带头起草的国家标准《商品二维码》（GB/T 33993—2017），是我国自动识别与移动支付、电子商务以及大数据等领域的重要标准，对于逐步规范我国开放流通领域二维码的应用，搭建二维码良好生态系统，以及商品的跨国流通标识与信息互联互通，推进社会诚信体系建设都将起到促进作用。

《商品二维码》充分结合我国实际，综合参考国内外相关技术标准，提出了统一、兼容的商品二维码的数据结构，解决了目前我国商品二维码应用中编码数据结构不统一的问题；规定了商品二维码的数据结构、信息服务和符号印制质量要求等，具有创新性、科学性、先进性和适用性，对商品二维码在我国的推广、管理、应用与服务提供了重要指南。

图1-23　二维码

商品二维码的核心功能是实现商品的唯一标识，兼容现有零售商品一维条码承载的信息。其数据结构方案灵活，兼顾多种市场需求，具有以下优势。

1.　唯一性

商品二维码由中国物品编码中心统一分配和管理，在它的 3 种编码数据结构中，全球贸易项目代码（GTIN）都是必选数据项，是 Globe Standard1 全球统一编码标志的不同表现形式。企业一旦采用，即可保证每种商品都拥有一个合法的、公认的且唯一的二维码。

2.　国际通用性

商品二维码采用全球统一的编码结构、数据载体和数据交换标准，其码制是具有 GS1 模式的国家标准和国际标准二维码码制，沿承了商品一维条码的特点和优势，具有国际通用性。

3. 扩展性好

商品二维码具有使扫码设备自适应识别移动应用端的功能，由一码扩展出多个网址，避免了一物多码，消除了平台壁垒，极大地丰富了商品信息。

4. 信息容量大

商品二维码可容纳 1850 个字符、2710 个数字、1108 个字节或 500 多个汉字，比普通条码的信息容量约高几十倍。

5. 容错能力强

商品二维码容错能力强，具有纠错功能，这使得商品二维码局部损坏时，照样可以被正确识读，损坏面积达 50％时仍可恢复信息。它的译码错误率比普通条码的百万分之二要低得多，不超过千万分之一。

6. 安全性高

商品二维码拥有更高的信息安全度，所承载的网址必须遵循 HTTPS，不会被随意篡改，这在极大程度上降低了扫描普通二维码访问到钓鱼网站或病毒网站的风险，增强了网络安全性，保护了消费者的信息财产安全。

7. 兼容性强

商品二维码默认承载了零售商品一维条码的所有编码信息，不仅可以无缝兼容传统零售行业中现有的 POS 系统、ERP 系统以及销售管理系统等，还可以与线上各类电商平台进行对接，实现跨平台、跨系统的全网应用。

课后提升案例 ↓

案例1　生成商品二维码

随着智能手机、智能终端的普及和移动通信的发展，扫描二维码已经成为人们获取商品信息的重要途径。企业需要通过线上线下结合的立体式的商品宣传和促销活动来吸引消费者和促进企业商品的销售。企业与消费者之间的沟通瓶颈亟待突破。商品条码的优势更侧重于结算，而承载信息更多、具有纠错技术并能够访问互联网的二维码成为连接企业和消费者的更好选择。

中国商品信息服务平台是中国物品编码中心为了顺应目前数字化和标准化的趋势，基于计算机网络技术、全球统一编码标识系统而构建的标准化信息交换平台。中国商品信息服务平台拥有数量众多的商品品种，标准完善和更新及时的商品数据，是零售商和生产企业之间的桥梁，也是零售商数字化转型的助推器，可助力零售商未来在数字化与智能化道路上不断发展。图 1-24 所示为中国商品信息服务平台官网首页。

图1-24　中国商品信息服务平台官网首页

如果还不是中国商品条码系统成员，需先注册成为系统成员，如图 1-25 所示。

图1-25　注册成为系统成员

注册成功后，登录中国商品信息服务平台，单击"立即申请条码"按钮，如图 1-26 所示。

图1-26　单击"立即申请条码"按钮

接着进入"免责声明"页面，选中"接受"单选按钮后，单击"下一步"按钮，如图1-27所示。

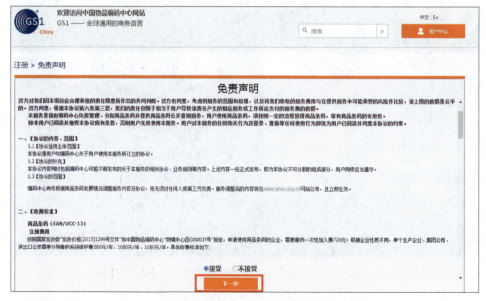

图1-27　单击"下一步"按钮

接着录入信息，如图 1-28 所示。

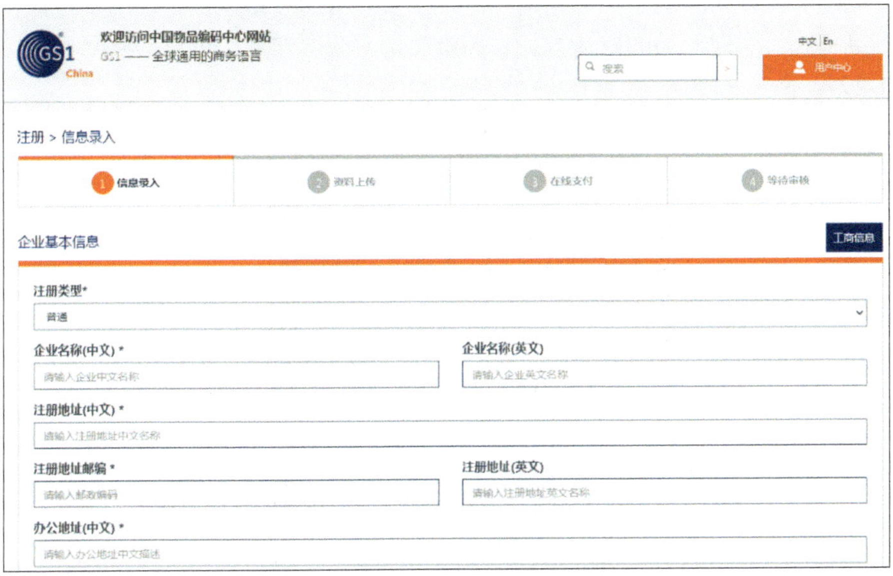

图1-28　录入信息

注册完成后登录中国商品信息服务平台，自主填报商品信息并审核通过后，即可生成商品二维码。

👤 想一想

中国商品信息服务平台是什么机构，怎样在这个平台生成商品二维码？

_____

_____

_____

_____

案例2　拼多多商家"一码上架"

拼多多借助中国物品编码中心丰富的商品条码信息和优质的数据资源，在旗下"多多买菜"等业务板块中提供"一码上架"新功能，帮助平台商家实现快速发布商品。商家只需先填入商品条码，即可与中国物品编码中心数据库中的商品进行快速匹配，将商品属性等信息自动补入，这一功能使商品发布流程更加顺畅，也提升了商家发布商品的准确性。

准确完整的商品数据也为消费者带来了便利，解决了商品信息不完善、不准确的问题。拼多多增加了扫码查询功能，消费者可通过搜索框右侧的相机按钮扫描商品条码，实现商品的快速查找、高效比价，获得详细、可靠的商品信息，如图 1-29 所示。

图1-29　扫码查询功能

👤 想一想

商品二维码的作用有哪些？如何利用商品二维码查询商品信息？

_____

_____

_____

_____

_____

案例3　设计商品包装上的商品条码

商品条码设计主要从 3 个方面考虑，即尺寸、颜色搭配、放置位置，同时要注意遵循相关国家标准。

1. 尺寸

商品条码的尺寸是由放大系数决定的，可根据商品包装的印刷面积和印刷条件在 0.80 ～ 2.00 的范围内选择放大系数。商品条码的放大系数越大，其印刷质量越有保障。

2. 颜色搭配

商品条码的颜色搭配主要是指条与空的颜色搭配。商品条码的识读是根据不同颜色对红色光的反射率不同，通过分辨条、空的边界和宽窄来实现的，因此要求条与空的颜色反差越大越好，一般来说，白色作空、黑色作条是最理想的搭配。

3. 放置位置

商品条码的放置位置应以符号位置相对统一、符号不易变形、便于扫描操作和识读为准则。首选位置是商品包装主显示面背面的右下方区域。对于一些无包装的商品，商品条码可以印在挂签上，如果商品有较平整的表面且允许粘贴或缝上标签，商品条码也可以印在标签上。

想一想

设计商品条码时要考虑的因素有哪些？有什么注意事项？

_____

_____

_____

_____

_____

课后跟踪实训 ↓

实训1　给商品分类

任务1　分析商品分类方法

【任务描述】

每人独自登录京东商城，分析其商品分类方法。小组内部进行交流、讨论。小组代表在全班同学面前分享小组成果，完成表 1-5 的填写。

表1-5 京东商城商品分类分析表

序号	商品大类	商品中类	商品小类
1	家电		
2	电脑办公		
3	女装		
4	美妆护肤		
5	母婴童装		

任务2 分析商品分类依据

【任务描述】

思考商品分类的依据有哪些，以及根据不同的商品分类依据，常见的商品有哪些；并进行小组内部交流、讨论，填写表1-6。

表1-6 商品分类依据及常见的商品

序号	分类依据	常见的商品
1	商品用途	
2	商品原材料	
3	商品生产加工方法	
4	商品化学成分	

实训2 分析商品编码的类型和方法

【任务描述】

分析商品编码的类型和方法有哪些，一维条码包括哪些类型。进行小组内部交流、讨论，并填写表1-7。

表 1-7　商品编码的类型和方法

序号	问题	分析结果
1	商品编码类型	
2	商品编码方法	
3	一维条码的类型	

实训项目评价 ↓

序号	技能评价指标	分值	得分
1	熟练掌握线分类法	20	
2	能熟练说出商品分类依据	10	
3	能准确说出商品编码类型	20	
4	能准确说出商品编码方法	20	
5	能准确说出一维条码包括哪些类型	10	
6	能准确说出二维码的具体优势	10	
7	能准确说出二维码的生成方法	10	

课后自测题 ↓

一、选择题

1.（　　）不是商品信息采编的主要工作。

A. 商品拍摄　　　　　　　　　B. 商品图片处理

C. 商品详情页设计　　　　　　D. 网店推广

2. (　　) 是商品信息采编的终极目标。

A. 提高转化率　　　　　　　　　B. 塑造品牌形象

C. 传递商品信息　　　　　　　　D. 提高商品图片质量

3. (　　) 主要负责日常的商品信息采编活动，对商品信息采编进行统筹管理。

A. 设计师　　　　　　　　　　　B. 主管

C. 摄影师　　　　　　　　　　　D. 美工人员

4. 商品分类依据是编制商品分类体系和商品目录的基础，(　　) 不是商品分类依据。

A. 商品用途　　　　　　　　　　B. 商品生产加工方法

C. 线分类法　　　　　　　　　　D. 商品原材料

5. (　　) 由中国物品编码中心统一向申请厂商分配。

A. 厂商识别代码　　　　　　　　B. 商品项目代码

C. 校验位　　　　　　　　　　　D. 商标

二、判断题

1. 专业的商品拍摄及精美、富有设计感的商品详情页设计能放大商品的优势。(　　)

2. 商品小类是指具有若干共同性质或特征的商品总称。(　　)

3. 在线分类体系中，由一个类目直接划分出来的下一级类目，彼此之间称为下位类。(　　)

4. 面分类法的优点是信息容量大，有层次，能较好地反映类目之间的逻辑关系。(　　)

5. 商品条码的分类主要依据编码结构和条码的性质来决定。(　　)

三、简答题

1. 商品信息采编在电商领域中的作用有哪些？

2. 商品信息采编有哪些具体岗位，这些岗位的职责与技能要求是怎样的？

3. 商品信息采编的工作流程是怎样的？

4. 商品编码类型和编码方法有哪些？

5. 商品二维码的优势有哪些？

项目 2

商品拍摄基础知识

课前导学

　　在网上开店，商品图片的拍摄非常关键，因为商品图片的效果直接影响消费者的购买欲望。一幅好的商品图片可能会让商品的点击率成倍增长。为了拍摄出好的商品图片，商品信息采编人员在拍摄之前，需要掌握商品拍摄的基础知识，如相机的设置、商品拍摄环境的构建、商品拍摄角度、商品拍摄构图方式、商品摆放等。本项目将对这些内容进行详细介绍。

教学目标

知识目标

◢ 了解相机的白平衡、对焦、曝光补偿、光圈与景深、感光度设置

◢ 了解不同的商品拍摄角度

◢ 理解商品摆放的重要性和摆放的角度

技能目标

◢ 掌握室外拍摄环境的选择和室内拍摄环境的构建

◢ 掌握商品拍摄的各种角度

◢ 掌握各种商品拍摄的构图方式

素养目标

◢ 培养审美意识、提高审美水平

◢ 体会商品图片深层的思想与情感内涵

【课中学】

任务2.1　相机的设置

商品信息采编人员要想在拍摄商品图片时得心应手，就必须熟悉相机的各种参数的设置方法。

2.1.1　白平衡设置

在拍摄前需要对相机进行白平衡设置，以使拍摄出来的商品图片不偏色，尽可能还原商品的真实色彩。偏色的商品图片会削弱消费者的购买欲望，因为这样拍摄出来的商品图片会使商品看起来效果不好。

白平衡是指相机对白色的还原能力。即使在不同的光照条件下，人眼也能识别白色。只有当白色能够被正确地识别时，其他色彩才能被正确地识别，因此将相机对白色的还原能力作为确认其他色彩是否平衡的标准。人眼在不同的光照条件下能辨别出固有色，但相机没有人眼那样的适应性，在不同的光照条件下，CCD 输出的不平衡性会造成图片色彩失真，可能会偏红、偏黄或偏蓝。为了使拍摄出的照片能够尽量还原拍摄对象真实的色彩，商品信息采编人员必须根据光源的颜色来调整色彩，这种调整就是设置白平衡。大部分相机提供了 5 种以上的白平衡模式，如自动、白炽灯、荧光灯、晴天、闪光灯、阴天、背阴等，如图 2-1所示。

图2-1　白平衡模式

一般情况下，大多数人都使用相机的自动白平衡模式，因为它适应性最强、使用起来最方便。但对于一些特定的色温环境，自动白平衡并不准确。

 专家指导

虽然相机提供了很多预设的白平衡模式，但是它们并不能够满足所有拍摄要求。当在不同类型的多种光照条件下拍摄时，用现有的白平衡模式有时可能无法正确还原真实的色彩。此时，拍摄者可使用自定义白平衡模式，让相机记住希望拍摄成白色的部位所对应的光源特性（色温），然后通过修正，使该部位的白色再现，最终完成拍摄。

2.1.2　对焦设置

相机有两种对焦方式，分别为自动对焦（AF）和手动对焦（MF），如图 2-2 所示。当将相机调至 AF 挡时，表示相机采用自动对焦方式；当将相机调至 MF 挡时，表示相机采用手动对焦方式。

1. 自动对焦

目前大部分相机都具备自动对焦功能，自动对焦主要分为 3 种方式：单次自动对焦、连续自动对焦和智能自动对焦。

单次自动对焦是常用的一种自动对焦方式，比较适合拍摄不动的对象。在单次自动对焦完成后，对焦点会自动锁定，此时半按快门按钮不放，移动相机可以重新进行构图。

若采用连续自动对焦方式，半按快门按钮，相机对焦成功后，对焦点不会被锁定，当拍摄对象移动时，对焦系统能够根据对焦点的移动变化不断调焦，从而使拍摄对象一直保持清晰。连续自动对焦常用于拍摄运动状态下的对象，比如体育比赛中的运动员、赛车比赛中的赛车、奔跑的动物等，同时配合高速连拍的模式，能够拍出一组精彩的运动画面。

若采用智能自动对焦方式，半按快门按钮，相机对焦成功后，即使拍摄对象发生移动，相机也可以自动进行跟踪。也就是说，相机可以根据拍摄对象在对焦过程中是否运动，自动应用单次自动对焦方式或连续自动对焦方式。图 2-3 中，小狗正蹲着休息，此时选用的是智能自动对焦方式，即使它由静止状态突然变为运动状态，相机也能很好地对焦。

> 🎓 **专家指导**

> 合理使用曝光补偿功能，可以大大提高拍摄的成功率，有助于拍摄出画面清晰、亮度合适、观感舒适的商品图片。

图2-2　对焦方式

图2-3　采用智能自动对焦方式拍摄的小狗

2. 手动对焦

随着科技的进步，相机的自动对焦系统已经相当成熟，在自动对焦方式下，相机会自动将离镜头最近、反差最大的物体作为对焦点。但当自动对焦方式下无法合焦或相机自动确定的对焦点并非想要的对焦点时，拍摄者就必须采用手动对焦方式。

在环境昏暗、主体前后存在干扰对象等场景下拍摄时，自动对焦系统经常不能把对焦点锁定在理想的位置，此时手动对焦特别有效。图 2-4 所示的荷花前方存在大面积荷叶，自动对焦系统很容易将荷叶判定为主体，而采用手动对焦方式就可以准确地对荷花进行对焦。

图2-4　采用手动对焦方式拍摄的荷花

2.1.3　曝光补偿

曝光补偿是一种曝光控制方式，可以在 -2EV 和 +2EV 之间以 1/3 或 1/2 为单位对曝光值进行调节，如果环境光偏暗，可增加曝光值（如调整为 +1EV、+2EV），以提高画面的清晰度。曝光补偿功能既可以在一定程度上改善相机因测光不准而引起的曝光不足或曝光过度问题，也可以使拍摄者根据自己的意图创造出具有特殊艺术效果的作品。

相机中的曝光补偿 / 自动包围曝光设置界面如图 2-5 所示，当曝光标志处于中间位置时，表示当前为标准曝光值，未进行曝光补偿。如果将曝光标志向左调节，则减小曝光值；如果将曝光标志向右调节，则增加曝光值。

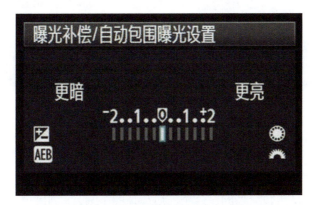

图2-5　曝光补偿/自动包围曝光设置界面

如果图片过暗，则要增加曝光值，曝光值每增加 1，相当于进入相机的光量增加 1 倍。增加曝光值的原则如下。

（1）如果被摄商品的背景很亮，则需要增加曝光值。

（2）如果拍摄环境比较昏暗，需要增加亮度，而闪光灯又无法起作用时，则可以适当增加曝光值。

（3）在拍摄人物时，为了使人物的脸部更加白皙，多采用直接对脸部测光并增加曝光值的方法。

（4）在某些类型的艺术摄影中，如拍摄高亮度的图片，需要增加曝光值，形成对比强烈的效果，以便更好地表达拍摄者的拍摄意图。同样，拍摄者如果需要刻意降低图片的亮度，那么应该减少曝光值。

2.1.4　光圈与景深

光圈是用来控制进入机身的光量的装置，它通常在镜头内。对于已经制造好的镜头，我们不可能随意改变其直径，但是可以通过在镜头内部加入多边形或圆形并且面积可变的孔状光栅来控制镜头通光量，这个装置就叫作光圈。

光圈由位于镜头内部的可活动的金属叶片组成，如图 2-6 所示，它通过改变镜头的有效孔径，控制通过镜头的光量。在单位时间中，光圈越大，进入镜头的光线就越多；光圈越小，进入镜头的光线也就越少。

光圈中心开口的大小代表光圈的数值，通常用 f 值表示。我们平常所见到的f 值包括 f/2.8、f/4、f/5.6、f/8、f/11 等，图 2-7 所示为不同的 f 值与其对应的光圈大小。

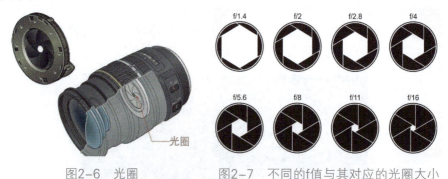

图2-6 光圈   图2-7 不同的f值与其对应的光圈大小

f 值 = 镜头的焦距 ÷ 镜头光圈的直径。

光圈的一个很重要的作用就是控制画面的景深。通俗地讲，景深就是对焦点前后清晰的范围。拍摄时，对焦点处的景物是最清晰的，而对焦点前后一定距离范围内的景物也是比较清晰的，这个前后清晰的范围，就叫作景深。浅景深的画面中，只有对焦点附近的小部分景物会清晰地显示出来，其他地方都十分模糊。浅景深常用来拍摄人像或静物，通过把前景和背景分离来更好地突出主体，图 2-8 所示为运用浅景深拍摄的花朵。深景深的画面中，大部分景物都十分清晰，所以深景深一般适用于拍摄远景。

图2-8 运用浅景深拍摄的花朵

2.1.5　感光度

感光度是感光元件对光的敏感程度的一个量。当光线不足的时候，可以通过提高感光度来提高相机对微弱光线的敏感程度。不过，不是一味地提高感光度就是好的，因为感光度越高，画面的噪点也就越多，从而使照片显得很乱。

在同样的曝光条件下，感光度与快门速度成正比，感光度越高，快门速度越快；感光度越低，快门速度则越慢。

一般来说，相机的标准感光度范围是 100 ~ 16 000，如图 2-9 所示。不过相机的感光度也可以扩展到比最大值更高的水平，如开启"扩展感光度"功能，这样得到的感光度能用于在一些特殊情况下拍摄照片，但代价是照片质量大幅下降。感光度数值越低感光度越低，相反，感光度数值越高感光度越高。

为了减少噪点对画面质量的影响，可以开启相机的"高 ISO 感光度降噪"功能，如图 2-10 所示。这个功能可实现不同级别的降噪处理，它虽然叫"高 ISO 感光度降噪"，但在各种感光度下都可以使用。

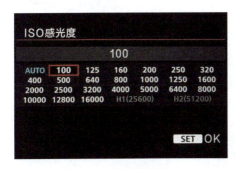

图2-9　感光度范围　　　　　图2-10　"高ISO感光度降噪"功能

如果不想手动调节感光度，也可以让相机自动调节感光度。在手持拍摄的时候这个功能很实用，因为相机可以自动设定感光度来提供相应的快门速度，从而拍摄出合适的照片。可以设置感光度自动变化的范围，如图 2-11 所示，这样就可以保证照片质量了。

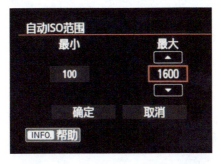

图2-11　"自动ISO范围"界面

知识拓展

选择商品拍摄工具

商品拍摄的第一步是选择拍摄工具。拍摄工具的选择也是一门学问，其取决于团队的预算和规模，不同预算和不同规模的团队有不同的选择。常用的商品拍摄工具主要有以下几种。

1. 手机

手机是拍摄商品的首选，但不是每款手机都适用于商品拍摄。用于商品拍摄的手机的处理器和摄像头配置要高，可以选用中高端配置。

随着科技的进步，智能手机的功能也越来越多，拍摄者直接用智能手机就能拍摄出精美的商品图片。图 2-12 所示为智能手机。

图2-12　智能手机

2. 单反相机

除了手机外，单反相机也是商品拍摄比较常用的工具。单反相机具有机身相对较轻便、画质更专业、可以更换不同规格的镜头等优势。图 2-13 所示为单反相机及不同的镜头。

图2-13　单反相机及不同的镜头

3. 灯光设备

为了调节室内拍摄环境中的光线效果，在室内拍摄时需要配置灯光设备。图 2-14 所示为环形补光灯，图 2-15 所示为四角补光灯。若想要拍摄出专业的商品图片，则需要配置专业的灯光设备组合，如柔光灯、无影灯、美颜灯等，以打造出更加精致的画面。

图2-14　环形补光灯

图2-15　四角补光灯

4. 支架

　　支架用来放置相机或手机，它既能解放拍摄者的双手，让其专注于参数设置，也能增强相机或手机的稳定性。图 2-16 所示为三脚架，图 2-17 所示为手机支架。

图2-16　三脚架

图2-17　手机支架

<table>
</table>

任务2.2　商品拍摄环境

　　在商品拍摄中，拍摄环境非常重要，将商品置入拍摄环境，能够给消费者展示商品的使用场景，起到引导消费者购买的作用，从而提升商品的成交量。商品拍摄环境分为室外拍摄环境与室内拍摄环境两种，下面分别进行介绍。

2.2.1 室外拍摄环境选择

室外拍摄需要选择适合商品特点的环境，布光方式主要采用自然光加反光板补光，这样拍摄的图片会更加自然。在室外拍摄商品时，常见的拍摄环境有以下几种。

课堂讨论

常见的室外拍摄环境有哪些？

1. 在公园长凳上拍摄

当利用公园长凳拍摄商品时，可以先试拍几张，确定曝光组合和拍摄角度。根据自己的判断调整相机参数至满意效果后，就可以进入正式的拍摄环节了。在公园长凳上拍摄的玩具照片如图2-18所示。

2. 在草丛或花丛中拍摄

公园里的草丛、花丛也可以作为拍摄环境。需要注意的是，商品的颜色和花草背景应该匹配。另外，拍摄者要让商品与背景之间保持一定的距离，将背景虚化。在花丛中拍摄的帽子照片如图2-19所示。

图2-18 在公园长凳上拍摄的玩具照片　　图2-19 在花丛中拍摄的帽子照片

3. 在树荫下拍摄

树荫下也可以作为拍摄地点，利用明暗对比明显的环境，可以将商品细节完美地表现出来，如图 2-20 所示。

4. 在酒吧街拍摄

一般酒吧街装修都比较有格调，拍摄者在酒吧街上就可以拍摄出异国风，但背景不要过于杂乱，尽量选择比较单一的背景，或者将背景虚化。在酒吧街拍摄的女装照片如图 2-21 所示。

图2-20　在树荫下拍摄的童装照片　图2-21　在酒吧街拍摄的女装照片

5. 在大学里拍摄

在大学里拍摄，拍摄者可以尝试在照片背景里面加入一些学生的活动场面，很容易体现出一些具备校园风的服装鞋帽的特色。大学里的一些大型建筑（比如图书馆、主教学楼）也是不错的场景，将大型建筑的线条和模特一并清楚地拍摄下来，也十分具有视觉冲击力。图 2-22 所示是在大学操场里拍摄的女装照片。

图2-22　在大学操场里拍摄的女装照片

2.2.2　室内拍摄环境构建

微课 扫一扫

室内拍摄环境构建

下面介绍室内拍摄环境构建，包括布置场景的原因、使用反光板布置场景、使用墙纸或背景布布置场景、使用摄影棚等内容。

1.　布置场景的原因

在室内拍摄商品需要布置场景的原因如下：第一，有的室内背景杂乱，需要花费不少力气处理；第二，没有专用的工作台，不便于开展拍摄工作。

没有布置场景的情况下拍摄的杂乱无章的照片如图 2-23 所示，布置好场景后拍摄的照片如图 2-24 所示。

图2-23　没有布置场景的情况下拍摄的　　　图2-24　布置好场景后拍摄的照片
　　　　　杂乱无章的照片

2.　使用反光板布置场景

反光板是拍摄商品时常用的补光设备。反光板的价格较低，一般为几十元，如图 2-25 所示。

3.　使用墙纸或背景布布置场景

布置场景既可以使用墙纸，也可以使用背景布或背景纸，如图 2-26 和图 2-27 所示。

4.　使用摄影棚

摄影棚一般用来拍摄一些小商品，如小型数码产品、护肤品、珠宝首饰等。可以在摄影棚的左侧、右侧、上方和后方对商品进行打光。光线透过摄影棚后会变得很柔和，有助于拍摄出精美的照片。某网店出售的简易摄影棚如图 2-28 所示。

图2-25　反光板的价格　　　图2-26　使用墙纸布置场景　　图2-27　使用背景布
　　　　　　　　　　　　　　　　　　　　　　　　　　　　　　　布置场景

图2-28　某网店出售的简易摄影棚

2.2.3　商品拍摄的布光方式

拍摄商品时光线十分重要,好的光线可以有效提高画面质量。按照照射方向,光线通常分为顺光、侧光、逆光、顶光等。

1.　顺光

顺光指照射方向(图中箭头所示方向,后同)与拍摄方向一致的光线,图 2-29所示为顺光示意图。在顺光下,被摄对象正面受光均匀,阴影在其背后,所以顺光拍摄的图片很少有阴影,往往比较明亮,这也说明了图片的层次主要依靠被摄对象自身的明度差异或色调关系来体现。顺光拍摄的图片如图 2-30 所示。

但顺光拍摄难以表现被摄对象的明暗层次、线条和结构,从而容易导致画面平淡,对比度低,缺乏层次感和立体感。

图2-29 顺光示意图

图2-30 顺光拍摄的图片

2. 侧光

侧光指照射方向和拍摄方向基本成 **90** 度角的光线，图 **2-31** 所示为侧光示意图。侧光是几种光线中最能表现被摄对象的层次、线条的光线，主要应用于需要表现强烈的明暗反差或者展现物体轮廓的场景中，最适用于拍摄建筑、雕塑等，图 2-32 所示为侧光拍摄的图片。而用侧光拍摄人物时，人物面部经常会半明半暗，此时，拍摄者可以考虑利用反光板等工具来对人物面部的暗处进行一定的补光，以减弱人物面部的明暗反差。

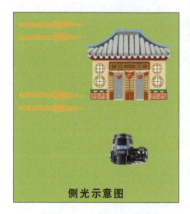

图2-31 侧光示意图

图2-32 侧光拍摄的图片

3. 逆光

逆光是照射方向与拍摄方向正好相反的光线，图 2-33 所示为逆光示意图。

由于光源位于被摄对象之后，光源会在被摄对象的边缘勾画出一条明亮的轮廓线。图 2-34 所示为逆光拍摄的图片。

逆光拍摄具有极强的艺术表现力，能够增强被摄对象的视觉冲击力。在逆光拍摄中，由于暗部比例增大，很多细节被阴影掩盖，被摄对象以简洁的线条或很小的受光区域呈现在画面中，这种大光比、高反差的画面会给人以强烈的视觉冲击，从而产生较强的艺术效果。

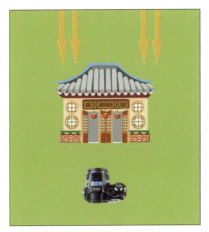

图2-33　逆光示意图

图2-34　逆光拍摄的图片

4. 顶光

顶光指从被摄对象顶部照射下来并与拍摄方向成 90 度角的光线，图 2-35 所示为顶光示意图。在拍摄风光题材时，顶光适用于表现表面平坦的景物。顶光如果运用得当，则可以为画面带来饱和的色彩、分布均匀的光影和丰富的细节。图 2-36 所示为顶光拍摄的图片。

图2-35　顶光示意图

图2-36　顶光拍摄的图片

任务2.3 商品拍摄角度

拍摄中拍摄角度的差异会影响画面中地平线的高低，被摄对象在画面中的位置，被摄对象与背景、前景的距离等。采用不同的拍摄角度也会得到不同的拍摄效果。常见的拍摄角度有 3 种：平拍、仰拍和俯拍。

 课堂讨论

常见的商品拍摄角度有哪些，各有什么特点？

2.3.1 平拍

平拍即镜头与被摄对象位于同一水平线上，这一拍摄角度符合人们正常的视觉习惯，应用广泛。平拍的画面具有正常的透视关系和结构形式，给人以身临其境的感觉。图 2-37 所示为平拍的图片。

2.3.2 仰拍

仰拍指镜头低于被摄对象，由下向上拍摄被摄对象。仰拍的画面有一种独特的仰视效果，主体突出，显得巍峨、庄严、宏大、有力。仰拍会使拍摄的商品底部显大，顶部显小，使商品更加立体、美观。拍摄全身人像时适当仰拍可以使人物身材更修长，并且近大远小的透视关系会使腿部显得更长。图 2-38 所示为仰拍的图片。

图2-37 平拍的图片 图2-38 仰拍的图片

2.3.3　俯拍

俯拍指镜头高于被摄对象，从高处向低处拍摄被摄对象，图 2-39 所示为俯拍的图片。由于拍摄角度具有一定的垂直性，俯拍的图片能使主题更加鲜明。

俯拍适合体积比较小、结构比较平面的商品。需要注意的是，俯拍具有立体效果的商品时，图片中的商品会显得上端大、下端小，整体短小。

图2-39　俯拍的图片

任务2.4　商品拍摄构图方式

微课 扫一扫

商品拍摄构图方式

构图是商品拍摄前期最重要的事情之一，构图应突出主体、吸引视线、简化杂乱的背景、使画面均衡。好的构图会凸显画面的中心，使画面更富故事性。商品拍摄者需要掌握构图的基本规律，并在拍摄时能合理运用它。本节主要介绍商品拍摄构图方式。

 课堂讨论

常见的商品拍摄构图方式有哪些？

2.4.1　横式构图

横式构图是将被拍摄商品横向排列的构图方式。横式构图（画面底边较长）强调的是水平面，展示的是画面横向的宽广，相机横着使用，拍摄的就是横式构图。这种构图方式给人一种稳定、可靠的感觉。

但是单一的横线容易割裂画面。在实际的商品拍摄过程中，切记从中间穿过，一般情况下，可上移或下移避开中间位置，在构图中除了单一的横线外，还可组合使用多条横线。采用横式构图拍摄的效果如图 2-40 所示。

图2-40　采用横式构图拍摄的效果

2.4.2　竖式构图

竖式构图是将被拍摄商品纵向放置的构图方式，纵向放置的商品往往显得高大、有线条感、立体、挺拔，如图 2-41 所示。在竖式构图的画面中，欣赏者的视线可以上下移动，把画面上、中、下各部分的内容联系起来。

在竖式构图中经常出现竖线，多条竖线组合时，变化相对横线要多一些，如果排列得好就能产生意想不到的效果。

当前景略显单调，如前景中只有一簇花的时候，就应该用竖式构图来集中表现。采用竖式构图时，拍摄者可以用长焦镜头压缩画面，营造层次感。

图2-41　竖式构图

2.4.3　斜线构图

斜线构图是商品斜向摆放的构图方式。它的特点是富有动感、个性突出，对于表现造型、色彩或理念等较为突出的商品，斜线构图较为实用，使用得当可以产生不错的画面效果。

把主体安排在对角线上，能有效利用画面对角线的长度，同时也能使陪体与主体产生直接联系。斜线构图富有动感，显得活泼，容易产生线条汇聚的趋势，吸引人的视线，达到突出主体的效果，图 2-42 所示为斜线构图。

图2-42　斜线构图

与传统的横式构图和竖式构图相比，斜线构图可以给人一种更活泼的感觉，斜向摆放商品可以更好地展现其形态。

2.4.4　黄金分割法构图

黄金分割又称黄金律，是一种数学比例关系，即将整体一分为二，较大部分与较小部分之比等于整体与较大部分之比，为 1 ： 0.618。0.618 被公认为最具审美意义的数字，是黄金分隔数的近似值。

黄金分割主要体现在对画面结构的处理上，如画面的分割、主体所处的位置，以及地平线、水平线、天际线等所处的位置。在图 2-43 中，A、B、C、D 4 条线相交的区域就是黄金分割区域，画面的主体或分割线可以被安排在 4 个交点上或 4 条线的附近。

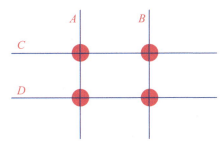

图2-43　黄金分割区域

在黄金分割法构图中，拍摄者还应该考虑主体与陪体之间的呼应，同时还要考虑影调、光线、色彩的表现等。黄金分割法构图如图 2-44 所示。

图2-44　黄金分割法构图

2.4.5　对称式构图

对称式构图是指画面中的景物相对于某个点、某条直线或某个平面而言，在大小、形状和排序上具有一一对应的关系。对称式构图在视觉上具有一种平衡效果。对称式构图具有均匀、整齐、稳定的特点，但表现呆板、缺少变化。为了防止其表现呆板，拍摄者可以在对称中增添一些不对称元素。对称式构图如图 2-45 所示。

用对称式构图拍摄时，从其左右对等的角度居中取景，即可形成左右对称的画面布局。对称式构图主要有中心对称、上下对称、左右对称、对角对称、混合对称等类型，它们都具有平衡、稳定的特点，常用于表现具有对称性的建筑及具有特殊风格的商品。

图2-45　对称式构图

2.4.6　曲线构图

曲线构图是将被拍摄商品沿曲线排列的构图方式。曲线既可以是规则的，也可以是不规则的，如对角式曲线、S 形曲线、横式曲线和竖式曲线等。

S 形曲线构图是使用较多的一种构图方式，它具有较强的视觉引导作用。S 形曲线优美而富有活力和韵味，所以 S 形曲线构图也具有活力，给人一种美的享受，而且可使画面显得生动、活泼。图 2-46 所示为 S 形曲线构图。

图2-46　S形曲线构图

知识拓展

其他构图方式

商品分类的一般原则如下。

（1）科学性原则：建立分类体系前，必须明确目标、确定范围、统一名称、选好标准。

除了前面介绍的构图方式，还有其他一些构图方式。

1. V字形构图

V字形构图富于变化，其变化主要体现在方向的安排或物体的倒放上，但不管怎么放，其交点必须是向心的。V字形单用时画面的不稳定性极强，而V字形双用时可以使画面不但具有向心力，而且具有稳定感。图2-47所示为V字形构图。

2. C字形构图

C字形构图具有曲线美，画面简洁明了。一般而言，主体会被安排在"C"的缺口处，使人的视线沿着弧线落到主体上。图2-48所示为C字形构图。

图2-47　V字形构图

图2-48　C字形构图

任务2.5　商品摆放

在拍摄商品图片之前，拍摄者必须先将要拍摄的商品摆放在合理的位置，设计一个最佳的摆放角度，为拍摄时的构图和取景做好前期准备工作。

2.5.1　商品摆放的作用

商品摆放其实也是一种摆放艺术，同样的商品使用不同的造型和摆放方式会产生不同的视觉效果。合理摆放商品是为了美化图片、刺激消费者产生购买欲望，而不是把商品简单地摆放在一起。合理摆放商品不仅可以营造出特定的氛围，还可以突出商品，便于消费者寻找。科学、专业、符合消费者心理和需求的商品摆放方式往往能带动销售量的增长。

在图 2-49 和图 2-50 中，相同的指甲油由于摆放方式的不同产生了完全不同的效果，很显然，图 2-49 更具商业价值。消费者看到这两张商品图片时，会因视觉上的美感区别产生不同的感受，而这种感受将会直接影响他们的决策。

图2-49　合理的摆放　　　　　　图2-50　杂乱的摆放

商品摆放的作用具体如下。

（1）有助于提升销售额：商品摆放方式对销售额的影响很大，这是众多品牌和商家极度重视商品摆放的原因之一。

（2）全方位展示商品：服装在展示外在美方面表现最突出，其摆放效果也很容易体现。

（3）提升品牌形象：商品摆放是促成销售的机会之一，也是较基本的促销方式。

2.5.2　商品摆放的方法

拍摄不同的商品需要不同的角度，而要想体现同一个商品的不同特质，我们也需要对角度进行变更。我们通过变更角度让商品图片变得美观，除了需要具备一定的审美水平之外，还可以通过对基本摆放方式的学习来实现。

图 2-51 所示为耳坠用垂直悬挂的方式来摆放，我们可以将短的耳坠用垂直悬挂的方式来摆放，因为我们的视觉习惯是视点朝下，以这个角度看东西，我们的眼皮会最轻松，这样的摆放方式可以使视觉焦点正好落到耳坠上。

　　图 2-52 所示的骰子看似随便往桌上一撒，其实仔细观察，我们可以很清楚地看到它们之间的疏密关系：后面的离得稍远，前面 4 颗靠在一起，形成视觉中心。我们的视线往往最容易被大面积的色块所吸引，这样的摆放方式不仅能够全面地展现商品，而且恰当的疏密安排和间距还会消除视觉上的紧张感。

图2-51　耳坠用垂直悬挂的
　　　　方式来摆放

图2-52　疏密相间

　　关于商品摆放角度的要点如下。

　　（1）不同的摆放角度体现不同质感。同样一款商品，不同的摆放角度可以呈现不同的视觉效果，可以将消费者的视线引导到不同的侧重点上。例如，平铺摆放商品时，消费者最先看到的是商品的整体效果，如图 2-53 所示；而将商品的侧面作为拍摄的重点时，消费者最先看到的就是商品的细节，如图 2-54 所示。商品如何摆放，取决于商家想突出商品的哪部分特色，但一切都应以美观为前提，否则可能让消费者产生排斥心理。

图2-53　平铺摆放

图2-54　侧面拍摄

　　（2）重新为商品造型。对于一些体积较小、外形比较单一的商品来说，也许对单个商品进行拍摄，很难让画面产生亮点。这时就需要拍摄者对商品的摆放进行二次设计。这里所说的二次设计，并不是指改变商品的原有外观，有时候通过多个相同商品的叠加，也可以实现抓人眼球的效果。

例如，大多数笔芯的造型比较单一，可是，如果将几根相同的笔芯进行叠放，塑造出全新的造型和层次，马上就会将原有的画面效果改变，让消费者觉得更美观，如图2-55所示。

（3）小配饰增加画面情调。添加小配饰，融入对商品的情感，也能让消费者产生购物欲望。例如，在拍摄一款食品时，拍摄者可以挑选一个美观的盘子用来盛放食品，旁边搭配一杯咖啡或者茶。这样的小配饰不用过多，简单的一两个即可起到画龙点睛的作用，如图2-56所示。

图2-55　重新为商品造型　　　　图2-56　小配饰增加画面情调

（4）色彩与造型的搭配尤其重要。例如，外观相同的几个商品，除了要排列出一定的序列感之外，还应该保持一定的疏密度，如图2-57所示，不要互相抢风头，而要相互映衬。

图2-57　色彩与造型的搭配尤其重要

（5）展示商品内部以获得信任。如果只展示商品的外观，很有可能使消费者对商品的内部构造产生顾虑，也会影响消费者对该商品的判断。网上购物本身就存在一定的风险，每个消费者都会担心商品质量不好。因此，在图片中呈现商品内部，是打消消费者顾虑的最佳方式。

例如，看到一款钱包的图片，消费者也许会被钱包美丽的颜色和外形打动，但同时也会产生顾虑：钱包是否实用？是否有足够的卡槽来放置各种卡？这时，一张展示钱包内部构造的图片就显得必不可少了，如图 2-58 所示。

图2-58 展示商品内部

素养
提升

商品拍摄有两个基本要求：真实、美观，且美观是建立在真实的基础之上的。

1. 商品拍摄要真实、客观

拍摄者应该带着真实、客观的态度去拍摄。

第一，商品本身的特征应该尽量全面地展示。拍摄者不仅要针对商品的整体进行拍摄，而且要拍摄局部细节；在进行商品摄影时，拍摄者应该从多个角度展现商品，主观上不刻意回避商品存在的一些瑕疵。

第二，通常情况下，最好不要使用类似Photoshop这样的图片处理软件对图片中商品的瑕疵进行过度精修，否则会让消费者怀疑商品的真假。

2. 具备一定的美学素养

商品图片一定要美观，至少不要显得杂乱无章，这是因为从视觉层面看，消费者主要依靠商品图片来增进对商品的了解，除了功能和价格外，商品还要有足够的美感才能够打动消费者。

课后提升案例 ↓

案例1   以圆形构图拍摄商品

圆形是具有整体性的封闭形状，圆形构图通常指画面中的主体呈圆形，如图 2-59 所示。圆形构图在视觉上给人以美感。

这种构图方式在生活中较为常见，其装饰感较为强烈，具有柔和、美满的意味。圆形上的凸凹之处会形成视觉中心，具有旋转感的圆形能产生强烈的视觉引导作用，而且纵深感强。但是圆形构图较为封闭，保守多于变化。

圆形产生于旋转运动，视觉依照简化原则对圆形进行把握。如果看到一个圆形，我们可能会不自觉地产生一种寻找圆心的强烈愿望。如果圆形中有两个点，靠近圆心的那个点会更突出。画面的几何中心位于圆心处。

图2-59　圆形构图

👤 想一想

常见的商品拍摄构图方式有哪些，各有什么特点？

_____

_____

_____

_____

案例2　探索商品拍摄的技巧

本例要求在淘宝网中搜索"吊灯"，在搜索结果中单击其中一款吊灯的链接，进入详情页，查看该商品的详细信息并分析商品拍摄的技巧。

（1）打开淘宝网，在搜索框中输入"吊灯"，单击"搜索"按钮，在打开的页面中将显示搜索结果，如图2-60所示。

图2-60　搜索"吊灯"

（2）单击一款吊灯的链接，进入商品详情页，可发现其焦点图是近距离拍摄的商品图，如图 2-61 所示。

图2-61　焦点图

（3）在商品详情页中可以看到更详细的商品展示图。该商品有多种款式，每款都展示了开灯和关灯的效果，如图 2-62 所示，再通过图片处理软件附上简洁的文字说明，图片看起来美观大方。

10 头开灯效果（平视）　　　　10 头关灯效果（平视）

5 头开灯效果（平视）　　　　5 头关灯效果（平视）

图2-62　多种款式

（4）查看商品在房间中的实际使用效果。卖家结合吊灯的颜色和具体的造型，给每款吊灯设计了装修风格各不相同的房间，通过与其他家居商品的创意搭配，使每款吊灯都具有非常强的表现力，看起来赏心悦目，如图2-63所示。

图2-63　在房间中的实际使用效果

（5）查看商品细节。商品详情页中展示了吊灯的灯臂、灯罩、底托等细节，如图2-64所示，以表现该商品色彩美观、无瑕疵等特点，进而提高消费者对该商品品质的信任度。

每一个细节，我们都尽心尽力

灯臂：优质铜艺材质

灯罩：亚麻布艺灯罩

底托：坚固铸铜底托

图2-64　商品细节

🧑 想一想

商品拍摄角度有哪些，各个角度的适用场景有哪些？

_____

_____

_____

_____

课后跟踪实训 ↓

实训1　构建商品拍摄环境

【任务描述】

了解商品拍摄环境是如何构建的，有哪些常见的室外拍摄环境。小组内部进行交流、讨论，并填写表 2-1。

表 2-1　商品拍摄环境

序号	问题	分析结果
1	有哪些常见的室外拍摄环境？	
2	室内拍摄时为什么要布置场景？	
3	如何寻找并使用反光板布置场景？	
4	如何寻找并使用墙纸或背景布布置场景？	
5	如何寻找并使用摄影棚？	

实训2　不同的商品拍摄角度

【任务描述】

了解常见的商品拍摄角度，不同的商品拍摄角度的定义及拍摄注意事项。小组内部进行交流、讨论，并填写表2-2。

表2-2　商品拍摄角度

序号	拍摄角度	定义及拍摄注意事项
1	俯拍	
2	平拍	
3	仰拍	

实训项目评价 ↓

序号	技能评价指标	分值	得分
1	掌握相机参数的设置方法，包括白平衡、对焦、曝光补偿、光圈与景深、感光度	20	
2	掌握商品拍摄环境的构建，商品拍摄环境分为室外环境与室内环境	20	
3	掌握常见的3种拍摄角度：俯拍、平拍和仰拍	20	
4	掌握商品拍摄构图方式，如横式构图、竖式构图、斜线构图、黄金分割法构图、对称式构图、曲线构图、其他构图方式	20	
5	掌握商品摆放的重要性、商品摆放的角度	20	

课后自测题 ↓

一、选择题

1. 一般情况下，大多数人都使用相机的（　　　）白平衡模式，因为它适应性最强、使用起来最方便。

  A. 自动   B. 白炽灯

  C. 荧光灯   D. 晴天

  2. 若采用（　　）方式，半按快门按钮，相机对焦成功后，即使拍摄对象发生移动，相机也可以自动进行跟踪。

  A. 连续自动对焦   B. 智能自动对焦

  C. 单次自动对焦   D. 手动对焦

  3.（　　）是感光元件对光的敏感程度，由敏感度测量学及测量数个数值决定。

  A. 白平衡   B. 曝光度

  C. 感光度   D. 景深

  4.（　　）是指照射方向与拍摄方向正好相反的光线。

  A. 侧光   B. 顺光

  C. 反射光   D. 逆光

  5.（　　）即镜头与被摄对象位于同一水平线上。

  A. 平拍   B. 俯拍

  C. 仰拍   D. 正拍

二、判断题

  1. 大部分相机提供了 5 种以上的白平衡模式，如自动、白炽灯、荧光灯、晴天、闪光灯、阴天、背阴等。（　　）

  2. 只要采用自动对焦方式就能拍摄出清晰的图片。（　　）

  3. 曝光量不足会造成曝光过度，使图片色彩不够饱和并且失去亮部细节。（　　）

  4. 在同样的曝光条件下，感光度与快门速度成正比，感光度越高，快门速度越快。（　　）

  5. 竖式构图是将被拍摄商品纵向放置的构图方式，纵向放置的商品往往显得高大、有线条感、立体、挺拔。（　　）

三、简答题

  1. 常见的商品拍摄角度有哪些？

  2. 商品拍摄的布光方式有哪些？

  3. 常见的商品拍摄构图方式有哪些？

  4. 简述商品摆放的重要性。

  5. 商品摆放的角度应怎样设置？

项目
3

商品图片处理软件Photoshop

 课前导学

　　Photoshop是一款图片设计与制作软件，可以用来对图片进行编辑加工及给图片添加一些特殊效果。为了处理商品图片，商品信息采编人员需要掌握Photoshop的基础知识，如Photoshop的基本操作、利用Photoshop抠图、利用Photoshop调整商品图片色彩、商品图片的特殊处理。本项目将对这些内容进行详细介绍。

教学目标

知识目标

　✔　了解Photoshop的工作界面
　✔　熟悉图层的基本操作
　✔　熟悉商品图片的调整

技能目标

　✔　掌握简单背景抠图和杂乱背景抠图的方法
　✔　掌握图片亮度和对比度的调整
　✔　掌握图片曝光度的调整
　✔　掌握图片色阶的调整
　✔　掌握图片曲线的调整
　✔　掌握图片色相/饱和度的调整
　✔　掌握虚化背景的方法
　✔　掌握发光效果的添加

素养目标

　✔　重点培养专业技能和设计能力
　✔　全面提高职业素养和人文素养

【课中学】

任务3.1　Photoshop的基本操作

Photoshop 2020 是当今世界上最为流行的图片处理软件之一，其强大的功能和友好的界面深受广大用户的喜爱，它可以用来处理网店的商品图片。本节主要讲述 Photoshop 的基本操作。

3.1.1　Photoshop的工作界面

Photoshop 的工作界面给我们提供了一个可充分表现自我的设计空间，在方便我们操作的同时也帮助我们提高了工作效率。Photoshop 的工作界面是编辑、处理图片的操作平台，它主要由菜单栏、工具箱、文档窗口、面板组等组成，Photoshop 的工作界面如图 3-1 所示。

图3-1　Photoshop的工作界面

1. 菜单栏

Photoshop 的菜单栏包括"文件""编辑""图像""图层""文字""选择""滤镜""3D""视图""窗口""帮助"11 个菜单，如图 3-2 所示。

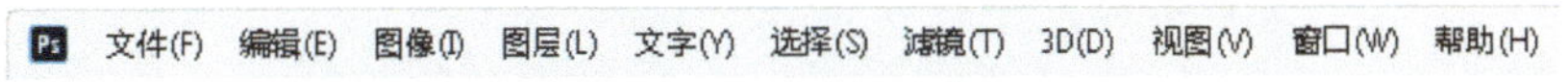

图3-2　菜单栏

● "文件"菜单：对所修改的图像进行打开、关闭、存储、输出、打印等操作。

● "编辑"菜单：包含编辑图像所涉及的各种操作，如复制、粘贴等。

● "图像"菜单：用来修改图像的各种属性，包括图像和画布的大小、图像的颜色等。

● "图层"菜单：包括图层的基本操作。

● "文字"菜单：用于设置文本的相关属性。

● "选择"菜单：可以给选区中的图像添加各种效果或使其发生各种变化而不改变选区外的图像，还提供了各种控制和变换选区的命令。

● "滤镜"菜单：用来添加各种特殊效果。

● "3D"菜单：可以制作许多立体效果，使图像看起来比较多维化。

● "视图"菜单：主要用来对标尺、参考线等进行设置，以规范图像。

● "窗口"菜单：用于改变活动文档，以及打开和关闭 Photoshop 的各个浮动面板。

● "帮助"菜单：引导用户到官网完成注册、帮用户解决问题等。

2. 工具箱及工具选项栏

Photoshop 的工具箱包含多种工具，如图 3-3 所示，要使用这些工具，只需单击工具箱中的工具按钮。

使用 Photoshop 绘制图像或处理图像时，需要在工具箱中选择工具，同时需要在工具选项栏中进行相应的设置，工具选项栏如图 3-4 所示。

图3-3　工具箱　　　　　　　　图3-4　工具选项栏

3. 文档窗口

文档窗口既是显示图像的区域,也是编辑和处理图像的区域。在文档窗口中,我们可以使用 Photoshop 几乎所有的功能,也可以对文档窗口进行多种操作,如改变文档窗口的大小和位置,文档窗口如图 3-5 所示。

4. 面板组

在默认情况下,面板组位于文档窗口的右侧,其主要功能是查看和修改图像。我们可使用多种不同方式组织界面中的面板,也可以将面板组存储在面板箱中,以使它们不干扰工作且易于访问,面板组如图 3-6 所示。

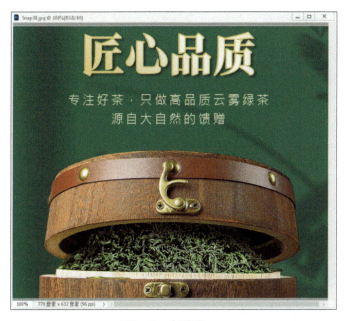

图3-5　文档窗口

图3-6　面板组

3.1.2　图层的基本操作

图层的基本操作包括新建图层、删除图层、使用图层样式。

1. 新建图层

新建图层的具体操作步骤如下。

(1)选择"窗口"|"图层"命令,打开"图层"面板,如图 3-7 所示。

(2)单击"图层"面板底部的"创建新图层"按钮,在当前图层之上新建一个图层,如图 3-8 所示。

图3-7　"图层"面板

图3-8　新建图层

2. 删除图层

删除图层的具体操作步骤如下。

（1）选择要删除的图层，单击鼠标右键，在弹出的菜单中选择"删除图层"命令，如图 3-9 所示。

（2）执行删除命令后，会弹出提示框，此时单击提示框中的"是"按钮，即可删除图层，如图 3-10 所示。

图3-9　选择"删除图层"命令

图3-10　删除图层

3. 使用图层样式

图层样式包含许多可以直接应用到图层中的效果，包括投影、斜面和浮雕、描边等。但正因为图层样式的种类很多，很多人对它并没有全面的了解，下面将详细讲解 Photoshop 图层样式的设置。

当我们应用一种图层样式后，一个 fx 图标就会出现在"图层"面板中相应图层名称的右侧，表示这一图层应用了某种样式，并且当出现的是向下的小三角形图标时，还能具体看到该图层到底应用了哪些样式，这样就更便于用户对图层样式进行管理和修改，如图 3-11 所示。我们选择"图层"|"图层样式"命令，会出现图层样式菜单，如图 3-12 所示。

图3-11　应用的图层样式

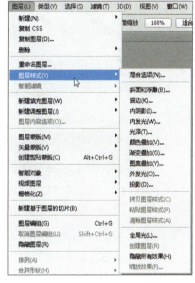

图3-12　图层样式菜单

3.1.3　裁剪商品图片

 课堂讨论

说一说为什么要裁剪商品图片。

裁剪商品图片的具体操作步骤如下。

（1）选择"文件"|"打开"命令，打开图像文件，选择工具箱中的"裁剪工具"，如图 3-13 所示。

专家指导

拍摄时在商品旁边多留一些空白，能够产生更好的视觉效果。

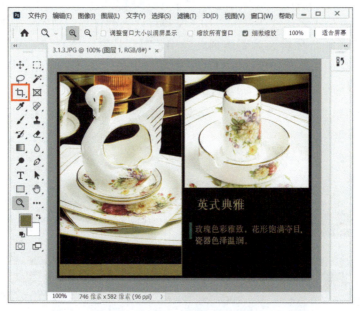

图3-13　选择"裁剪工具"

（2）按住鼠标左键，创建相应的选区，如图 3-14 所示。

（3）在选区内双击，即可裁剪图像，裁剪后的图像效果如图 3-15 所示。

图3-14　创建选区

图3-15　裁剪后的图像效果

任务3.2　利用Photoshop抠图

我们在制作商品促销主图、商品详情页时，如果商品图片背景太过简单或太过杂乱，这样是很难吸引消费者浏览商品的，此时若为商品图片换上更具视觉吸引力的背景，可增强商品图片的吸引力。抠图是完成背景替换的第一步，下面介绍使用 Photoshop 进行抠图的方法。

  课堂讨论

说一说 Photoshop 中常见的抠图工具有哪些。

3.2.1　简单背景抠图

微课 扫一扫

简单背景抠图

利用"魔棒工具"抠图的具体操作步骤如下。

（1）启动 Photoshop，打开一幅图像，在工具箱中选择"魔棒工具"，如图 3-16 所示。

图3-16　选择"魔棒工具"

（2）在工具选项栏中的"容差"文本框中输入数值。单击图像背景，同时按住 Shift 键，再单击背景中没有被选中的地方，将整个背景选中，如图 3-17 所示。

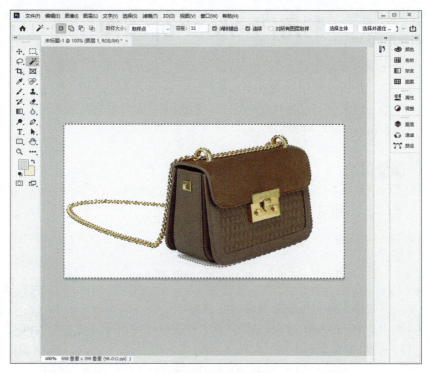

图3-17　选择背景

（3）选择"选择"|"反选"命令，将包选中，如图 3-18 所示。

（4）选择"选择"|"修改"|"羽化"命令，弹出"羽化选区"对话框，在"羽化半径"文本框中输入"0.5"，如图 3-19 所示。单击"确定"按钮，设置羽化效果。

图3-18　反选图像　　　图3-19　"羽化选区"对话框

（5）选择"编辑"|"拷贝"命令，复制图像。打开一幅图像，作为新背景，选择"编辑"|"粘贴"命令，将复制的图像粘贴到新背景中，如图 3-20 所示。

（6）选择"编辑"|"自由变换"命令，将图层 1 缩小到需要的大小，如图 3-21 所示，即可完成抠图与更换背景操作。

图3-20　粘贴图像　　　　　　　　　图3-21　缩小图像

3.2.2　杂乱背景抠图

　　套索工具组中的工具都属于抠图工具，适用于抠取背景复杂、边界不够清晰的图像。该工具组主要包括 3 种工具，分别是套索工具、多边形套索工具、磁性套索工具。本例讲述利用多边形套索工具抠图，并将其应用到新的背景中，具体的操作步骤如下。

　　（1）启动 Photoshop，打开图像文件，如图 3-22 所示。

　　（2）选择工具箱中的"多边形套索工具"，绘制选区，如图 3-23 所示。

图3-22　打开图像文件　　　　　　　图3-23　绘制选区

　　（3）选择"选择"|"修改"|"羽化"命令，弹出"羽化选区"对话框，在"羽化半径"文本框中输入"1.5"，如图 3-24 所示。单击"确定"按钮，设置羽化效果。

　　（4）选择"编辑"|"拷贝"命令，复制图像，如图 3-25 所示。

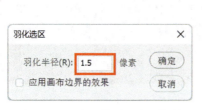

图3-24 "羽化选区"对话框　　　　　图3-25 复制图像

（5）打开背景图像，如图3-26所示。

图3-26 打开背景图像

（6）按Ctrl+V组合键粘贴图像，如图3-27所示。

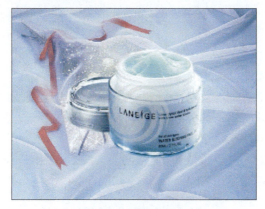

图3-27 粘贴图像

任务3.3 利用Photoshop调整商品图片色彩

我们利用 Photoshop 进行色彩调整是指对亮度和对比度、曝光度、色阶、曲线、色相/饱和度等进行调整，从而达到预期的色彩效果。每种颜色的变化都会让观者产生不一样的感受。商品图片能准确还原商品色彩是很重要的，这样可以避免不必要的售后问题。

3.3.1 调整图片亮度和对比度

我们使用"亮度/对比度"命令可以直观地调整图片的亮度和对比度，在快速修复曝光不足或曝光过度的图片时非常有用，可以使图片色彩更清晰、层次更分明。

调整图片亮度和对比度的具体操作步骤如下。

（1）启动 Photoshop，打开一幅图片，如图 3-28 所示。

（2）选择"图像"|"调整"|"亮度/对比度"命令，弹出"亮度/对比度"对话框，向左拖曳相应的滑块可降低亮度和对比度，向右拖曳相应的滑块可提高亮度和对比度，设置"亮度"为"97"，"对比度"为"0"，如图 3-29 所示。单击"确定"按钮。

微课 扫一扫

调整图片亮度和对比度

图3-28 打开图片　　　　　　图3-29 "亮度/对比度"对话框

（3）可以看到调整亮度和对比度后的图片效果好多了，如图 3-30 所示。

图3-30 调整亮度和对比度后的图片效果

3.3.2 调整图片曝光度

微课 扫一扫

调整图片曝光度

由于受技术、天气、时间等方面的条件所限，有时拍摄出来的图片会不尽如人意。最常见的图片问题就是曝光过度或者曝光不足。下面介绍如何利用 Photoshop 简单而有效地解决这些问题，具体操作步骤如下。

（1）启动 Photoshop，打开一张曝光不足的商品图片，如图 3-31 所示。

（2）选择"图像"|"调整"|"曝光度"命令，弹出"曝光度"对话框，由于这张图片比较暗，如果想让图片变亮，就应该将图片的曝光度提高，再利用"灰度系数校正"调节画面整体的平衡。这里设置"曝光度"为"1.85"，"位移"为"0.0000"，"灰度系数校正"为"1.00"，如图 3-32 所示，单击"确定"按钮，即可调整图片的曝光度。

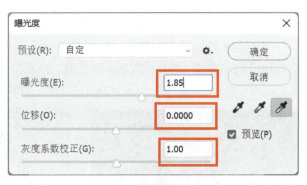

图3-31　打开图片　　　　　　　　图3-32　调整曝光度

（3）可以看到增亮的效果还是非常明显的，如图 3-33 所示。

图3-33　调整曝光度后的效果

3.3.3　调整图片色阶

　　在 RGB 通道中，调整色阶就可以调整图片的明暗度，但对图片的色彩不会产生影响；若选择红色、蓝色、绿色通道，调整其中任意一个通道的色阶，那么图片的色彩混合参数就会发生变化，图片的色彩也会随之发生变化。

　　使用 Photoshop 调整图片色阶的具体操作步骤如下。

　　（1）启动 Photoshop，打开图 3-34 所示的商品图片。

　　（2）选择"图像"|"调整"|"色阶"命令，弹出"色阶"对话框，单击"选项"按钮，如图 3-35 所示。

图3-34　打开图片

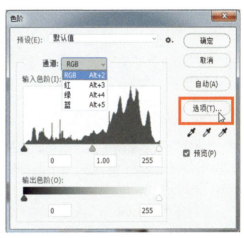

图3-35　单击"选项"按钮

专家指导

　　"通道"下拉列表框中有4个选项：RGB、红、绿和蓝。调整前，我们要确定是对RGB 主通道还是对红、绿、蓝单色通道进行调整，然后确定使用黑、白、灰的滑块还是使用黑、白、灰的吸管工具进行调整。直方图的下方有3个滑块，从左到右分别代表黑色、灰色和白色，指向画面中的黑、灰、白3色。调整图片的色阶时，我们可以拖动黑、白、灰对应的滑块。使用较频繁的是灰色滑块，灰色滑块可以在不改变图片阴影和高光的情况下，调整画面的明暗度。

　　（3）弹出"自动颜色校正选项"对话框，选中"查找深色与浅色"单选按钮，如图 3-36 所示，在"目标颜色和修剪"中设置"阴影""中间调""高光"，单击

"确定"按钮，即可自动匹配颜色，调整色阶后的效果如图3-37所示。

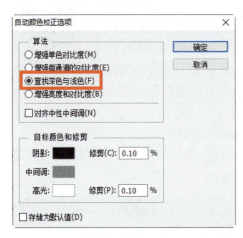

图3-36 "自动颜色校正选项"对话框　　　图3-37 调整色阶后的效果

3.3.4 调整图片曲线

"曲线"命令是调整图片偏色问题最有效的命令。曲线实际上是一个坐标图，其中横轴表示输入，竖轴表示输出。调整图片曲线可以让图片更有层次，画面感更强，细节更丰富。

我们使用 Photoshop 调整图片曲线的具体操作步骤如下。

（1）启动 Photoshop，打开图3-38所示的商品图片。

（2）选择"图像"|"调整"|"曲线"命令，弹出图3-39所示的"曲线"对话框，在曲线直方图上添加一个点，将曲线往上拉，调整"RGB"通道中的曲线形状。

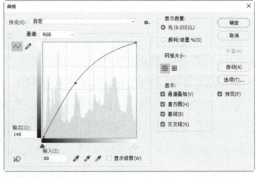

图3-38 打开图片　　　　　图3-39 调整"RGB"通道中的曲线形状

（3）调整曲线后的效果如图 **3-40** 所示。

图3-40　调整曲线后的效果

　专家指导

与"色阶"类似，"曲线"对话框中的"通道"下拉列表框中依然包含 RGB主通道和红、绿、蓝3个单色通道。曲线直方图下面有黑、白两个滑块，黑色滑块对应画面的暗部，白色滑块对应画面的亮部。

3.3.5　调整图片色相/饱和度

微课 扫一扫

调整图片色相/饱和度

"色相/饱和度"命令主要用来调整图片色彩的鲜艳程度。按 Ctrl+U 组合键，会弹出"色相/饱和度"对话框，如图 3-41 所示。从图中我们可以看到，调节的参数就是色彩的 3 个属性，分别是色相、饱和度和明度。"颜色"下拉列表框中包含"全图""红色""黄色""绿色""青色""蓝色""洋红"等选项，如图 3-42 所示，我们既可以对单个颜色进行调整，也可以对整张图片的颜色进行调整。

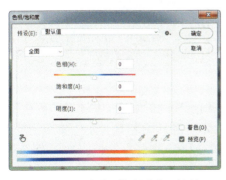

图3-41　"色相/饱和度"对话框

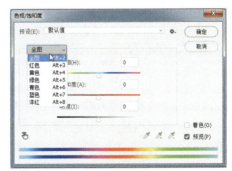

图3-42　颜色选项

使用 Photoshop 调整图片色相 / 饱和度的具体操作步骤如下。

（1）启动 Photoshop，打开一张图片，如图 3-43 所示。

图3-43　打开图片

（2）按 Ctrl+U 组合键，打开"色相 / 饱和度"对话框，对全图进行调色，向左移动"色相"滑块，如图 3-44 所示，将"色相"参数调整为"-26"，图片颜色就会发生相应的变化，如图 3-45 所示。

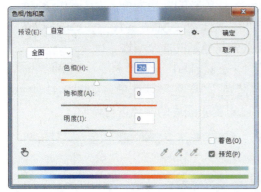

图3-44　全图调整色相

图3-45　全图调整色相后的效果

（3）在"色相 / 饱和度"对话框的"颜色"下拉列表框中选择"蓝色"通道，向左移动"色相"滑块，如图 3-46 所示，图片颜色就会发生相应的变化，如图 3-47 所示。此时图中只有蓝色发生了变化，对比图 3-43，其他颜色没有改变。

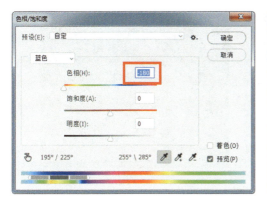

图3-46　选择"蓝色"通道并移动　　　　图3-47　单色调整色相后的效果
　　　　　"色相"滑块

（4）在"色相/饱和度"对话框的"颜色"下拉列表框中选择"全图"通道，将"饱和度"滑块向右拖动，如图3-48所示。这时能看到图片变得更加明亮了，如图3-49所示，与图3-43相比，色彩更明亮通透。

 专家指导

　　　　饱和度的调整即色彩浓度的调整。调整图片饱和度的前提是图片的饱和度与实物的饱和度有差距。若某种颜色已经处于饱和状态，再调整就会适得其反，颜色就会变得没有层次，导致图片质量降低。色彩调整最合理的状态是微调，过度的调整容易产生噪点，造成失真，降低图片质量。

图3-48　调整"饱和度"滑块　　　　　图3-49　调整饱和度后的效果

（5）在"色相/饱和度"对话框的"颜色"下拉列表框中选择"全图"通道，将"明度"滑块向左移动，如图3-50所示，这时画面变暗，如图3-51所示。

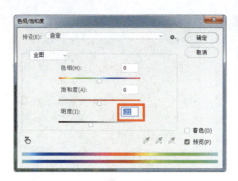

图3-50 调整"明度"滑块

图3-51 调整明度后的效果

任务3.4 商品图片的特殊处理

商品信息采编人员在处理图片时，除了可以修饰图片、丰富图片内容外，还可以为图片添加特效，如虚化背景、添加发光效果，这样可以更好地突出商品特征。

3.4.1 虚化背景

对于一些主体和背景无法区分、层次不明的图片，商品信息采编人员需要将图片的主体表现出来，虚化背景是电商视觉设计中常用的修饰方法，这种方法可以使观者将视线聚集在主体上，营造主体实、背景虚的效果，以避免背景喧宾夺主，影响主体的表现。

虚化背景的具体操作步骤如下。

（1）打开原始图片，选择工具箱中的"磁性套索工具"，在图中沿着物品轮廓绘制选区，如图3-52所示。

（2）选择"选择"|"反选"命令，反选选区，如图3-53所示。

图3-52 绘制选区

图3-53 反选选区

（3）选择"选择" | "修改" | "羽化"命令，打开"羽化选区"对话框，在"羽化半径"文本框中输入"8"，让选区的边缘变得更加柔和，如图 3-54 所示。

（4）选择"滤镜" | "模糊" | "高斯模糊"命令，打开"高斯模糊"对话框，将"半径"设置为"4.5"像素，如图 3-55 所示。

图3-54　"羽化选区"对话框　　　　图3-55　"高斯模糊"对话框

（5）单击"确定"按钮，返回文档窗口，取消选区，可以看到背景虚化后的效果，如图 3-56 所示。

图3-56　背景虚化后的效果

3.4.2　添加发光效果

不同的商品有不同的特性，商品信息采编人员需要根据商品特性来修饰商品图片。如在修饰汽车、计算机、手机等商品的图片时，商品信息采编人员就需要添加发光效果来突出商品主体，可以通过"图层样式"对话框中的"内发光"和"外发光"选项来添加发光效果。为商品图片添加发光效果的具体操作步骤如下。

（1）打开原始图片，如图3-57所示。

（2）选择"文件"|"置入嵌入对象"命令，置入卡通汽车图片，如图3-58所示。

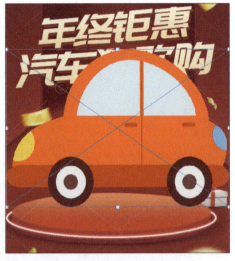

图3-57　打开原始图片　　　　　　图3-58　置入卡通汽车图片

（3）选择"编辑"|"自由变换"命令，调整卡通汽车图片的大小与位置，如图3-59所示。

（4）在"图层"面板中双击"卡通汽车"图层，如图3-60所示。

图3-59　调整卡通汽车图片的大小与位置　　图3-60　双击"卡通汽车"图层

（5）在打开的"图层样式"对话框中选中"内发光"复选框,设置"发光颜色"为"黄色",将"混合模式"设置为"滤色",将"不透明度""阻塞""大小""范围"分别设置为"41%""38%""18 像素""50%",如图 3-61 所示,然后单击"确定"按钮。

（6）在文档窗口中可以查看添加"内发光"样式后的效果，如图 3-62 所示。

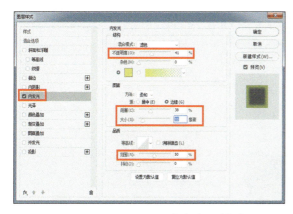

图3-61　设置"内发光"样式　　　　　图3-62　添加"内发光"
　　　　　　　　　　　　　　　　　　　　　　样式后的效果

（7）在"图层样式"对话框中选中"外发光"复选框,选择"渐变色"选项,设置"渐变色"为"橙色",将"混合模式"设置为"滤色",将"不透明度"设置为"42%","方法"设置为"柔和","扩展"设置为"10%","大小"设置为"24"像素,"范围"设置为"50%",如图 3-63 所示。

（8）设置完成后单击"确定"按钮,在文档窗口中可以查看添加"外发光"样式后的效果,如图 3-64 所示。

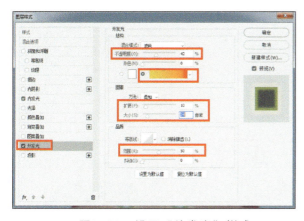
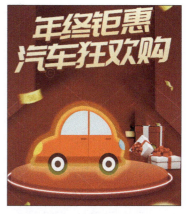

图3-63　设置"外发光"样式　　　　　图3-64　添加"外发光"
　　　　　　　　　　　　　　　　　　　　　　样式后的效果

课后提升案例 ↓

案例1　批处理图片

在处理商品图片时，我们常常要处理几十张甚至上千张，在这个过程中，打开、调整、保存图片都会浪费很多时间和精力。针对这种情况，我们可以对商品图片进行批处理，具体操作步骤如下。

（1）使用 Photoshop 打开需要编辑的图片，如图 3-65 所示。

（2）选择"窗口"|"动作"命令，打开"动作"面板，单击右下角的"创建新动作"按钮，如图 3-66 所示。

图3-65　打开图片　　　　　图3-66　"动作"面板

（3）弹出"新建动作"对话框，单击"记录"按钮，如图 3-67 所示。

（4）新建"动作 1"，如图 3-68 所示。

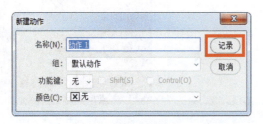 

图3-67　"新建动作"对话框　　　图3-68　新建"动作1"

（5）调整图片的大小，然后单击"动作"面板左下角的"停止播放 / 记录"
按钮，停止记录，如图 3-69 所示。

图3-69　停止记录

（6）选择"文件" |"自动" |"批处理"命令，弹出"批处理"对话框，如
图 3-70 所示。

图3-70　"批处理"对话框

（7）单击"源"下面的"选择"按钮，在打开的"浏览文件夹"对话框中选
择图片所在的位置，如图 3-71 所示。

图3-71　选择图片所在的位置

（8）单击"确定"按钮，即可打开文件夹中所有的图片进行大小处理，如图 3-72 和图 3-73 所示。

图3-72　图片示例1　　　　　　　图3-73　图片示例2

想一想

"动作"面板有什么作用？如何使用"动作"面板批处理商品图片？

_____

_____

_____

_____

_____

案例2　制作立体文字

在商品图片处理中，我们常常会添加一些立体文字。其实制作立体文字的方法有很多种，本例所制作的立体文字效果如图 3-74 所示，具体操作步骤如下。

（1）打开图像文件，选择工具箱中的"横排文字工具"，如图 3-75 所示。

图3-74　立体文字效果　　　　　图3-75　选择"横排文字工具"

（2）在工具选项栏中将字体设置为"方正舒体"，字体大小设置为"150 点"，字体颜色设置为"# e0a86b"，输入"爱"，如图 3-76 所示。

图3-76　输入文字

（3）在"图层"面板中选择文本图层，单击鼠标右键，在弹出的菜单中选择"复制图层"命令，弹出"复制图层"对话框，如图 3-77 所示。

（4）单击"确定"按钮，即可复制图层，复制后的"图层"面板如图 3-78 所示。

（5）选择"图层"|"图层样式"|"渐变叠加"命令，弹出"图层样式"对话框，如图 3-79 所示。

（6）在该对话框中单击"渐变"右边的"点按可编辑渐变"按钮，在弹出的"渐变编辑器"对话框中选择渐变颜色，如图 3-80 所示。

图3-77 "复制图层"对话框　　图3-78 复制后的"图层"面板

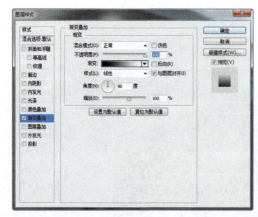

图3-79 "图层样式"对话框　　图3-80 选择渐变颜色

（7）选中"内阴影"复选框，并设置相应的参数，如图 3-81 所示。

（8）选中"描边"复选框，并设置相应的参数，如图 3-82 所示。

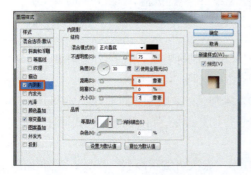

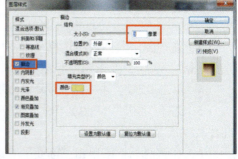

图3-81 设置"内阴影"参数　　图3-82 设置"描边"参数

（9）单击"确定"按钮，设置图层样式，设置图层样式后的效果如图3-83所示。

（10）选择工具箱中的"移动工具"，将复制的文字图层向下移动一段距离，立体文字的效果如图3-84所示。

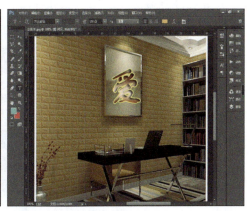

图3-83　设置图层样式后的效果　　　　　图3-84　立体文字的效果

👤 想一想

Photoshop的"图层样式"有什么作用？如何使用图层样式制作有特效效果的文字？

_____

_____

_____

_____

📋 知识拓展

切割图片

切割图片就是将一张大图片分割为一些小的图片切片，这样做可以缩小图片，加快网页加载速度，还能将图片的一些区域用代码来代替。切割图片的具体操作步骤如下。

（1）启动Photoshop，打开要切割的图片文件，如图3-85所示。

（2）选择工具箱中的"切片工具"，在图片上按住鼠标左键，拖出合适的切片大小，如图3-86所示。

（3）在绘制的切片上单击鼠标右键，在弹出的快捷菜单中选择"编辑切片选项"命令，弹出"切片选项"对话框，如图3-87所示，在该对话框中可以设置相应的参数。

图3-85 打开图片文件

图3-86 切割图片

图3-87 "切片选项"对话框

（4）在切片上单击鼠标右键，在弹出的快捷菜单中选择"划分切片"命令，弹出"划分切片"对话框，设置切片的划分方法，即水平划分为3个纵向切片，均匀分隔，垂直划分为3个横向切片，均匀分隔，如图3-88所示。单击"确定"按钮，切割后的效果如图3-89所示。

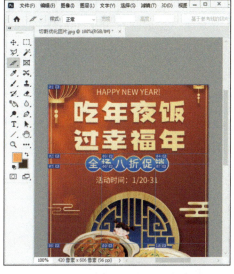

图3-88 划分切片 图3-89 切割后的效果

（5）选择"文件"|"存储为 Web 和设备所用格式"命令，弹出"存储为 Web 所用格式"对话框，如图 3-90 所示。

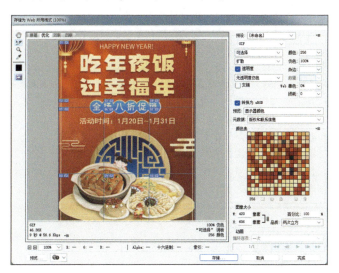

图3-90 "存储为Web所用格式"对话框

（6）在对话框中将各个切片都作为独立文件存储，使其具有各自独立的参数设置和颜色调板，单击"存储"按钮，弹出"将优化结果存储为"对话框，如图 3-91 所示。

（7）单击"保存"按钮，同时创建一个文件夹，用于保存各个切片文件，双击"切割优化图片.html"进行预览，预览效果如图3-92所示。

图3-91 "将优化结果存储为"对话框　　　　图3-92 预览效果

素养

提升

目前，跨平台盗用其他网店的商品图片甚至照搬其他网店的页面信息和商品资质证书的现象并不鲜见，这容易让消费者上当受骗。"盗图抄店"行为很容易引发市场混乱，导致消费者对商品的来源和经营者的属性产生不信任感。这类恶意不正当竞争行为，侵犯了原创商家的竞争权益，也侵犯了消费者的知情权、选择权，严重阻碍了中小微商家的品牌建设，也严重打击了原创商家的创新积极性。

"盗图抄店"既是典型的不正当竞争行为，也是典型的侵权、售假行为，已构成多重违法，甚至涉嫌犯罪。如果任其泛滥下去，不仅直接侵犯品牌商家和消费者的合法权益，更会严重干扰正常的市场秩序。

公平竞争是市场经济的核心，安全稳定的营商环境则是公平竞争的保障。让"盗图抄店"现出原形，有助于维护原创商家和消费者的合法权益，呵护、鼓励市场创新，优化公平竞争环境和营商环境。

课后跟踪实训 ↓

实训1　熟悉Photoshop的工作界面

【任务描述】

启动Photoshop，熟悉其工作界面，找到菜单栏、工具箱、面板组、文档窗口，分析各有哪些功能。进行小组内部交流、讨论，并填写表 3-1。

表 3-1 Photoshop 的工作界面

序号	内容	功能
1	菜单栏	
2	工具箱	
3	面板组	
4	文档窗口	

实训2 熟悉使用Photoshop调整图片色彩的方法

【任务描述】

色彩调整是图片调整的一个重要方面，使用 Photoshop 中的调整命令能够对整张图片的色彩进行调整。选择"图像"|"调整"命令，找到亮度和对比度、曝光度、色阶、曲线、色相 / 饱和度命令，打开相应对话框，分析各有哪些功能。进行小组内部交流、讨论，并填写表 3-2。

表 3-2 使用 Photoshop 调整图片色彩

序号	选项	功能
1	亮度和对比度	
2	曝光度	
3	色阶	
4	曲线	
5	色相/饱和度	

实训项目评价 ↓

序号	技能评价指标	分值	得分
1	熟悉Photoshop的工作界面	10	
2	掌握图层的基本操作，包括新建图层、删除图层、使用图层样式	10	
3	掌握利用Photoshop抠图的方法，包括简单背景抠图、杂乱背景抠图	20	
4	掌握利用Photoshop调整商品图片色彩的方法，如调整亮度和对比度、曝光度、色阶、曲线、色相/饱和度的方法	20	
5	掌握对商品图片进行特殊处理的方法，包括虚化背景、添加发光效果等	20	
6	掌握利用Photoshop批处理图片的方法	20	

课后自测题 ↓

一、选择题

1. Photoshop 的（   ）包含多种工具，要使用这些工具，只需单击工具箱中的工具按钮。

　　A. 工具箱　　　　　　　　　　　B. 菜单栏

　　C. 面板组　　　　　　　　　　　D. 文档窗口

2.（   ）菜单包含编辑图像所涉及的各种操作，如复制、粘贴等。

　　A. "文件"　　　　　　　　　　　B. "编辑"

　　C. "选择"　　　　　　　　　　　D. "窗口"

3. 提高（   ）是指提高图片最亮部分和最暗部分之间的差异程度。

　　A. 亮度　　　　　　　　　　　　B. 曝光度

　　C. 对比度　　　　　　　　　　　D. 饱和度

4.（   ）实际上是一个坐标图，其中横轴表示输入，竖轴表示输出。

　　A. 色相　　　　　　　　　　　　B. 色阶

　　C. 饱和度　　　　　　　　　　　D. 曲线

二、判断题

1. 使用 Photoshop 绘制图像或处理图像时，需要在工具箱中选择工具，同时需要在工具选项栏中进行相应的设置。（　　）

2. 在默认情况下，面板组位于文档窗口的右侧，其主要功能是查看和修改图像。（　　）

3. 图层一旦创建好了，就不能删除。（　　）

4. 图层样式包含许多可以直接应用到图层中的效果，包括投影、斜面和浮雕、描边等。（　　）

5. 色彩调整最合理的状态是参数设置得越大越好。（　　）

三、简答题

1. Photoshop 的工作界面由哪些部分组成？

2. 怎样利用 Photoshop 新建图层、删除图层、使用图层样式？

3. 怎样调整图片亮度和对比度？

4. 怎样调整图片色阶？

5. 怎样调整图片色相／饱和度？

项目

4

服装鞋帽商品信息采编实战

课前导学

　　服装鞋帽是众多电商平台的重要品类，服装鞋帽的网购需求量大、复购率高，消费者潜力很大。服装鞋帽网店的销量受商品图片质量的影响非常大，商家要想让服装鞋帽更受欢迎，就需要掌握这类商品的信息采编方法。本项目主要介绍服装鞋帽商品的拍摄、服装鞋帽商品图片与视频制作、服装鞋帽商品详情页设计。

教学目标

知识目标

◢ 熟悉服装鞋帽商品拍摄的注意事项

◢ 熟悉商品主图设计规范

◢ 熟悉服装鞋帽网店经营分析

◢ 熟悉服装鞋帽商品详情页的逻辑结构

◢ 熟悉商品卖点展示角度

技能目标

◢ 掌握商品图片大小的调整方法

◢ 掌握给服装鞋帽视频添加音乐的方法

◢ 掌握商品细节展示部分的制作方法

◢ 掌握商品信息部分的制作方法

素养目标

◢ 在拍摄过程中充分体会如何展现服装鞋帽商品的美

【课中学】

微课 扫一扫

服装鞋帽商品的拍摄

任务4.1　服装鞋帽商品的拍摄

不同类型的服装鞋帽商品对应的穿戴人群、拍摄环境、拍摄风格都会有所不同，要想拍摄出不同服装鞋帽商品的特色，就需要采取不同的拍摄方法。下面对服装鞋帽商品的拍摄进行介绍。

4.1.1　服装鞋帽商品拍摄的注意事项

商品信息采编人员拍摄服装鞋帽商品，商品信息采编人员最重要的是把商品更好的一面呈现给消费者，给消费者展示最真实、最漂亮的服装鞋帽商品，这样有利于其销售。商品信息采编人员在拍摄服装鞋帽商品时需要注意以下几点。

 课堂讨论

> 说一说商品信息采编人员在拍摄服装鞋帽商品时需要注意哪些事项。

1. 光源

一般情况下，在自然光条件下拍摄的服装鞋帽商品图片的色彩比较准确和真实。但因为自然光不容易控制，所以需要一个简单的摄影棚。摄影棚中首先要设置一个主光源，让主光源从商品上方打下来，然后在商品的左右两端打光，再进行拍摄，如图 4-1 所示。

2. 背景的选择

对于服装鞋帽商品，拍摄背景很重要，背景要平整无皱，颜色不能影响商品的完整性，不能反差太强烈。可在木板上拍摄，因为木板的颜色比较自然、温和。当然，商品信息采编人员也可以利用一些布料作为背景，但使用前一定要烫平。图 4-2 所示为服装平铺拍摄时，采用木板作为背景的示例。

在室外拍摄模特上身图时，背景和周围环境要与服装鞋帽、着装的季节以及模特的特点相吻合，如图 4-3 所示。

3. 模特的选择

模特的选择同样很重要，服装的外观是由模特的姿态来表现的，因此要根据服装的类型、款式和风格来选择模特。同一件服装会因不同模特的容貌和气质而呈现出不同的风采，合适的模特能够体现服装的风格、特点，如图 4-4 所示。

图4-1　摄影棚

图4-2　服装平铺拍摄时，采用木板
作为背景的示例

图4-3　背景和周围环境要与服装鞋帽、
着装的季节以及模特的特点相吻合

图4-4　模特的选择

4. 拍摄前服装要整理熨烫好

商品信息采编人员在拍摄服装前要将服装整理熨烫好，这是很重要的一个细节。服装通常会比较皱，需要熨烫，使用普通的家用熨斗就行，当然如果有更专业的熨斗更好，如图 4-5 所示。

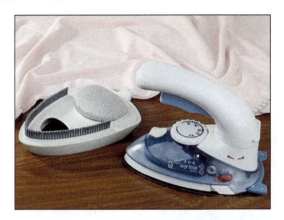

图4-5　拍摄前服装要整理熨烫好

5. 商品摆放要一步到位

商品摆放要一步到位，并且需要注意摆放规则，不能胡乱摆放，影响画面效果，导致消费者难以看出商品的特色。商品信息采编人员在摆放商品时，要展现出商品的造型美感，让画面显得有秩序，如图 4-6 所示。

图4-6　商品摆放要一步到位

4.1.2　服装挂拍技巧

服装挂拍虽然看上去简单，其实是需要技巧的。衣架的选择也是非常重要的，因为合适的衣架能更好地衬托出服装的形状。如果使用衣架辅助拍摄，拍摄背景要根据服装的颜色和质地选择，比如白墙。如果是毛绒类服装，可以选择纸质的背景，也可以选择木质地板作为背景，这样拍摄出的服装在画面中不会显得呆板。

在图 4-7 中，直接将服装挂在衣架上拍摄，没做任何修饰，拍摄出来的图片显得很沉闷，这种图片会直接影响消费者购买的欲望。

由图 4-8 可以看出，商家在选择背景时花费了很多心思，服装虽然看上去很普通，可是会让消费者觉得很舒服。

图4-7　效果不好的服装挂拍

图4-8　效果好的服装挂拍

服装挂拍的光线布置方法有很多，没有固定统一的模式，可以根据自己的服装和店铺整体风格而定。服装挂拍的布光如图 4-9 所示。

图4-9　服装挂拍的布光

如果是一版多件，可以选择挂在一起，让颜色自然交替，这样比较赏心悦目，如图 4-10 所示。

图4-10　颜色自然交替

4.1.3　服装平铺拍摄技巧

现在各式各样的服装平铺图片大同小异，容易让消费者产生视觉疲劳，没有太强的购买欲望，所以如何对服装平铺进行创新是一个很重要的问题。商品信息采编人员怎样才能把一件平铺的服装拍得既美观又真实呢？

1. 光线均匀

因为拍摄平铺服装需要的场地比较大，经常会出现光线不均匀的现象，所以室内拍摄时，建议最好设置 2 ～ 3 盏灯，这样拍摄时光线会比较均匀。

在室外拍摄时，商品信息采编人员可选择天台、空旷的公园等场地，这些场地周围基本没有阻挡光线的物体，平铺的服装可以很均匀地吸收光线，不会产生暗点、阴影。需要注意的是，不要在阳光强烈的时候进行拍摄。

2. 适当搭配

正所谓"红花还需绿叶配"，在拍摄平铺服装时，还需要对环境进行一些适当的设计，为了避免画面单调无趣，可以使用一些搭配物。搭配物可以是其他颜色的同类商品，也可以是一些植物等，还可以用帽子、眼镜、包、鞋子等进行搭配。注意选择一两件就可以了，切记不要太复杂，否则容易喧宾夺主。不同的服装要用不同的搭配物。如果服装属于清新风格，可以选择一些可爱的小饰品、鲜花等做点缀；如果服装属于爵士摇滚风格，可以用礼帽、乐器等进行搭配。不同的搭配物会带给消费者不同的视觉感受。图4-11所示为平铺时适当添加搭配物的拍摄效果。

3. 拍摄细节

服装都需要进行细节拍摄，以体现材质和做工。一般来说，拍摄消费者最关心的几个位置就可以了，如衣领、袖口、拉链、扣子等，细节图如图 4-12 所示。要想展示出服装细节，商品信息采编人员需要使用相机的微距拍摄功能。

图4-11　平铺时适当添加搭配物的拍摄效果　　　　图4-12　细节图

在商品介绍中搭配一张细节图可以让消费者更有购买的欲望，如图 4-13 所示。

图4-13　商品介绍中搭配细节图

4.1.4　皮鞋的拍摄技巧

　　一张皮鞋图片效果的好坏主要取决于其对皮鞋质感的表现是否到位，最能体现皮鞋质感的是光泽度。要表现光泽度就需要使用硬光，但硬光在表现皮革的质感方面有一定的局限性，因此商品信息采编人员在拍摄时需要注意通过逆光或侧光等让硬光变得不那么刺眼，从而让皮鞋整体显得更有光泽。

　　在拍摄时，商品信息采编人员可以选择斜线构图方式，拍摄皮鞋的正面、侧面，将各个角度都呈现在消费者眼前，尽可能地通过一张图片展现皮鞋整体，如图 4-14 所示。若采用试穿的方式进行拍摄，商品信息采编人员则尽可能不要拍摄模特整体，要突出主体，展现皮鞋的外观和底部。

　　拍摄高跟鞋时一定要突出鞋跟，如图 4-15 所示，其次要展示面料，面料将直接决定搭配什么样的衣服。

图4-14　通过一张图片展现皮鞋整体　　　　图4-15　突出鞋跟

　　若拍摄的是纯色高跟鞋，就要把各种颜色都展现出来，如图 4-16 所示。若拍摄的是非纯色高跟鞋，展现其上的装饰也是很重要的，比如珠宝、链子、铆钉等，如图 4-17 所示。这些精致的装饰应进行特写拍摄和多角度拍摄。

图4-16　把各种颜色都展现出来

图4-17　展现高跟鞋上的装饰

4.1.5　围巾、帽子的拍摄技巧

　　拍摄围巾时一定要表现出其动感、飘逸的感觉，女性围巾甚至可以拍摄出妩媚、高贵、雅致的特点。不同材质的围巾在拍摄时所表现出来的质感也不尽相同。比如纯羊毛围巾的特点就是质地较轻盈，纹路清晰，光泽自然柔和，手感柔软且有弹性；丝绸质感的围巾光滑，有光泽；布料围巾比较硬，造型感强。所以在拍摄围巾的时候，商品信息采编人员要重点表现围巾的这些特点。此外，商品信息采编人员还应注意表现围巾的颜色，如图4-18所示。

　　若需模特辅助拍摄，模特的服装颜色也需尽量和围巾相协调，可以将围巾拉开展现细节，这样画面会更加活泼，如图4-19所示。模特还可以将围巾围在脖子上，方便消费者看到围巾的实际长度和配戴效果。

图4-18　围巾的花样　　　　图4-19　将围巾拉开展示细节

　　一般来讲，白色的背景纸可以显得画面干净，可以凸显围巾柔软的质感。图4-20所示为白色背景搭配手套和帽子的效果，画面的构图也十分饱满。

图4-20　白色背景搭配手套和帽子的效果

　　拍摄帽子时也要注意光线的强度，要表现出真实、自然的质感。图 4-21 所示为通过俯拍表现帽子样式的示例。

　　另外，让模特试戴帽子进行拍摄的方法也不错，这样可以让消费者更直观地看到帽子戴上后的效果，如图 4-22 所示。

图4-21　通过俯拍表现帽子样式的示例　　　　图4-22　模特试戴

📋 知识拓展

腰带的拍摄技巧

　　腰带的特点是细长，腰带可以卷曲或平铺摆放，可以同款多色摆放在一起，如图 4-23 所示，这样会显得画面比较有整体感。很多腰带图片都只拍摄了一条腰带，但如果把多条腰带放在一起拍摄，就会出现不一样的效果。拍摄腰带时，背景的选择也有很多种，单色背景或者横条纹背景都可以衬托出腰带的特点。

　　拍摄腰带需要找寻一定的角度，以凸显腰带扣，同时展示出腰带的材质。腰带本身比较细长，如果随意放置拍摄，画面中的空白太多，会显得画面单调又乏味，所以可以将腰带弯曲叠放在拍摄台上，除了注意展现表面纹理、花色之外，还应该将腰带扣摆放在视觉中心的位置，并使其尽量靠前，如图 4-24 所示。再加上 2～3 张细节图，就能比较完整地描述商品了，图 4-25 所示为细节图。

图4-23　同款多色摆放　　　图4-24　腰带扣为　　　图4-25　细节图
　　　　在一起的腰带　　　　　　　拍摄重点

任务4.2　服装鞋帽商品图片与视频制作

　　为了使服装鞋帽商品图片呈现的效果更加美观、更具吸引力，商品信息采编人员还需要对其进行处理和优化。

4.2.1　调整商品图片大小

　　在网店商品信息采集过程中，商品信息采编人员会遇到各种不同的图片尺寸要求。图片太大会影响页面的打开速度，所以常常需要调整图片大小。例如，在制作商品详情页时，商品信息采编人员需要对诸多大小不一的商品图片和素材图片进行缩放，以使其符合商品详情页的宽度要求。调整图片大小是电商视觉设计中需要掌握的基本技能之一。

　　Photoshop 中的"图像大小"命令可以实现图片大小的调整。本小节将讲述如何利用 Photoshop 调整图片大小，具体操作步骤如下。

　　（1）启动 Photoshop，打开需要修改的图像文件，如图 4-26 所示。

　　（2）选择"图像"|"图像大小"命令，弹出"图像大小"对话框，在对话框中调整图像宽度和高度，如图 4-27 所示，单击"确定"按钮，即可调整图像大小。

图4-26　打开图像文件　　　　　　图4-27　　"图像大小"对话框

 专家指导

　　要保证商品图片不变形，就需要锁定"等比缩放"按钮，这样只要调整高度和宽度中的一个参数，另外一个参数就会发生相应变化。

4.2.2　商品主图设计规范

　　商品主图非常重要，那么商品主图应该在哪里展现呢？现在模拟消费者网购时的流程。比如消费者要买连衣裙，打开淘宝网后，消费者会先在搜索框中输入关键词"连衣裙"，然后单击"搜索"按钮，搜索结果页面如图 4-28 所示。在图 4-28 中，用红框标出来的图片就是商品主图。

　　商品主图最多可以有 5 张，最少要有 1 张，第 1 张商品主图一般会在搜索结果页面中显示。在商品主图的制作中，5 张商品主图建议从不同的角度展示商品，比如服装品类建议从正面、侧面、背面、细节、包装等分别进行展示。设计商品主图时需要注意以下几点。

图4-28　搜索结果页面

1. 尺寸合适

淘宝商品主图的标准尺寸是 310 像素 ×310 像素，而对于尺寸 700 像素 × 700 像素以上的图片，淘宝会提供放大功能，供消费者查看细节。消费者在将鼠标指针移至商品主图上时，即可查看该商品主图的细节。图 4-29 所示为使用放大镜查看的商品细节图。

图4-29　查看商品主图的细节

由于京东、当当等电商平台的商品主图规格都是 800 像素 ×800 像素，为了在其他平台发布商品主图时不用重新制作，因此，商家一般将商品主图的尺寸统一为 800 像素 ×800 像素。

专家指导

不同平台对商品主图尺寸的规定不同，商家要认真遵循所在平台要求，对图片尺寸进行处理，只有在满足图片尺寸和格式要求的情况下对图片的再优化才有意义。

2. 美观

商品主图的设计还要注意美观，一定要足够精致。很多商家由于不懂美工设计，在设计商品主图的时候可能会过于随意，这对于网店发展来说是非常不利的。

3. 清晰

要想让商品主图吸引人，刺激消费者的购买欲望，商家就要保证商品主图清晰。清晰的商品主图不仅能体现出商品的细节和各种相关信息，还能极大地增强商品的视觉冲击力。而模糊错乱的商品主图不仅会影响消费者的视觉体验，还会影响商品的价值体现，有些消费者甚至会觉得商家盗图，从而对商品失去信心。图 4-30 所示为清晰的商品主图。

4. 卖点突出

高点击率的商品主图一般都是卖点突出的图片。而要想做好商品主图，商家就需要对商品有充分的了解，然后挖掘商品的具体功能，分析目标人群，找到核心卖点。商家在添加卖点文字的时候，一定要选择最重要的卖点添加，不要把所有的卖点都添加到商品主图上，否则会造成图片混乱、缺乏美感，甚至本末倒置。图 4-31 所示为卖点突出的商品主图。

图4-30　清晰的商品主图　　　图4-31　卖点突出的商品主图

5. 背景搭配

关于商品主图背景的选择，商品信息采编人员需要根据不同商品进行具体分析。纯色背景能给人清新的感觉，在更好地突出商品的同时，也便于添加文字说明等其他信息。商品信息采编人员对背景元素加以合理布局可以提升商品形象和质感，使商品主图更容易吸引消费者眼球。

4.2.3 给服装鞋帽视频添加音乐

快剪辑是一款功能强大、操作简单，可以边看边剪的视频剪辑软件。商品信息采编人员使用快剪辑给视频添加音乐、二维码等的具体操作步骤如下。

（1）启动快剪辑，在"添加剪辑"中单击"本地视频"按钮，如图4-32所示。

（2）在弹出的"打开"对话框中选择想要剪辑的视频，单击"打开"按钮，如图4-33所示。

图4-32　单击"本地视频"按钮　　　图4-33　选择想要剪辑的视频

（3）视频导入后，单击时间轴中的"编辑视频" ✐ 按钮，如图4-34所示。

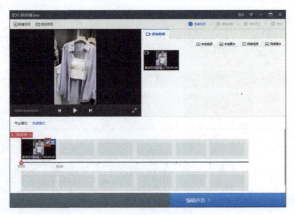

图4-34　单击时间轴中的"编辑视频" ✐ 按钮

（4）弹出"编辑视频片段"窗口，在此界面中可以对视频进行裁剪以及添加贴图、标记、二维码、马赛克等操作，如图 4-35 所示。

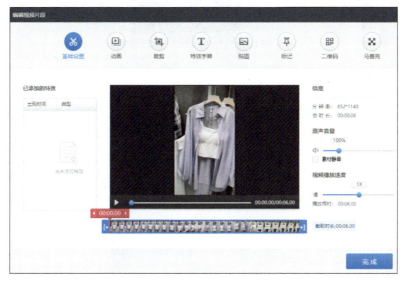

图4-35　"编辑视频片段"窗口

（5）单击"贴图"，界面右侧会出现各种贴图，从中选择自己想要的贴图即可，如图 4-36 所示。添加贴图后，单击底部的"完成"按钮即可。

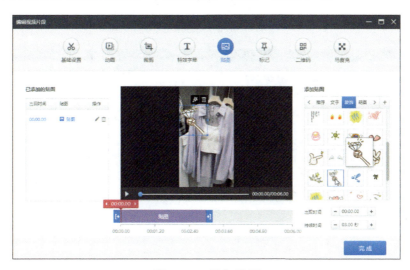

图4-36　添加贴图

（6）返回快剪辑界面，单击底部的"编辑声音"按钮，如图 4-37 所示。

（7）单击"添加音乐"中的"VLOG"，找到所需的音乐后单击右侧的"使用"按钮，如图 4-38 所示。

图4-37　单击"编辑声音"按钮

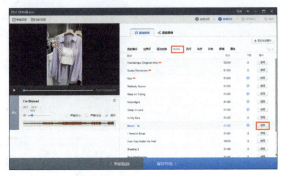
图4-38　添加音乐

（8）单击"音乐"右侧的小喇叭图标，拖动滑块即可调整音量，如图4-39所示。

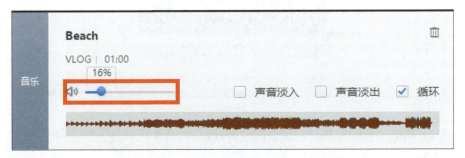

图4-39　调整音量

（9）单击底部的"保存导出"按钮，如图4-40所示。

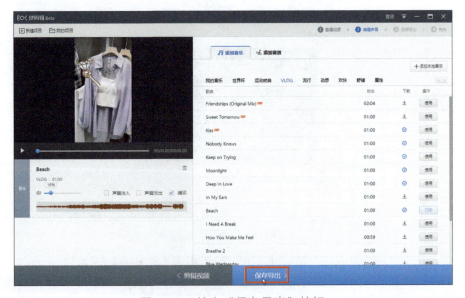

图4-40　单击"保存导出"按钮

（10）单击"开始导出"按钮即可导出视频，如图4-41所示。

图4-41　单击"开始导出"按钮

任务4.3　服装鞋帽商品详情页设计

服装鞋帽商品详情页是将商品的属性、功能、外观细节、设计风格与时尚元素、关联推荐、物流与售后等相关信息相结合的一种图文表达形式，其设计宗旨就是通过文字描述和图片展示使消费者产生购买意向和行为。

微课 扫一扫

服装鞋帽商品
详情页设计

4.3.1　服装鞋帽网店经营分析

下面介绍服装鞋帽网店的经营分析。

 课堂讨论

说一说经营服装鞋帽网店需要注意什么。

1. 拓宽自己的眼界

商家平时应多留意流行信息，多看一些时尚节目和时尚杂志。开服装网店一定要了解当下的流行趋势，知道流行什么。

2. 进货技巧

服装鞋帽商品一定要有特色，要不断更新。进货时一看款式，二看价格，三看流行趋势，四看面料。款式新、价格低、符合流行趋势、面料好的服装鞋帽商品一般都能卖个好价钱。

进货时最好货比三家，找到一家拥有众多品牌商品的批发商，这样商家的选择范围就大。而且大批发商一般都有一定的经营实力，和这样的批发商合作在大多数情况下便无后顾之忧了。

3. 商品定价不能高

目前在网上销售的服装，同质化现象非常严重。在网上购物，消费者一般都会货比三家。如果商品的价格定得太高，就没有竞争优势了，除非是独家经营、垄断销售。因此，薄利多销的方式一般能让网店获得更多的消费者。

4. 不同档次满足不同需求

网店其实跟线下实体门店一样，所售商品有高、中、低档之分，不同消费者会选择相对应的档次的商品。如果条件允许，网店最好多备几个档次的服装，而各档次的服装比例可视经济情况而定，这样可满足不同消费者的需求，也给成交带来更多可能。

5. 避免积压商品

进货多少一定要根据实际情况而定，不能贪一时便宜，以免大量进货造成商品积压。勤进快销是加快资金周转、避免商品积压的先决条件，也是促进网店健康发展的必要措施。

4.3.2 服装鞋帽商品详情页的逻辑结构

商品详情页的设计在很大程度上决定了商品的转化率，能引导消费者产生消费行为、降低消费者的决策成本，在设计商品详情页时需要按以下几个方面来构建商品详情页的逻辑结构。

1. 展示商品信息

服装鞋帽商品详情页展示的信息为商品的详细信息，旨在让消费者全方位了解服装鞋帽商品的尺寸、品牌名称、面料、材质、颜色、风格等基本属性，如图 4-42 所示。

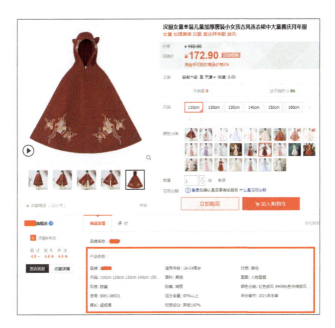

图4-42　展示商品信息

2. 商品视觉营销

商家通过商品详情页向消费者进行商品视觉营销，包括展示穿戴场景、服装色彩、服装品牌的整体风格，如图 4-43 所示。

图4-43　商品视觉营销

3. 首屏设计

进入商品详情页后，消费者第一眼看到的就是商品详情页的首屏，它虽然只存在短暂的几秒，但对于消费者决定是否继续浏览后续内容是至关重要的。对于服装鞋帽商品来说，不论面对何种类型的消费群体，其商品详情页的首屏设计基本都是一致的。

　　首屏设计的目的就是让消费者注意到商品详情页的第一屏信息。第一，消费者会被与其他同类商品差异较大的信息吸引。第二，消费者对购物送好礼、优先发货等信息也十分在意，如图 4-44 所示。

图4-44　首屏设计

4. 价值塑造

　　价值塑造就是通过商品详情页把商品的各种价值呈现在消费者面前，如图 4-45 所示。这些价值包括商品本身的价值、服务价值、形象价值、品牌价值。价值的叠加会让消费者觉得商品是值得购买的，从而达到提高转化率的目的。

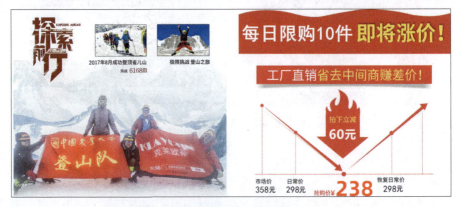

图4-45　价值塑造

素养提升

好的商品详情页能吸引更多消费者点击。商品信息采编人员要想做好商品详情页设计，必须从实际出发，经常阅读视觉设计和商品营销相关方面的书籍，提高自身的修养、素质。商品信息采编人员要善于总结，善于观察生活中的点滴，这样才能让自己不断进步；商品信息采编人员还要多分析，要有积极的学习态度，人在一生中应该不断学习，活到老，学到老。

设计商品详情页需要发挥观察力和想象力，商品详情页的形成过程往往是不断将其进行拆解再重新组合的过程，在排序、组合、布局以及色调处理的过程中塑造其独特的风格。起步阶段的创作灵感可以来源于丰富多样的自然界、不同地域的人文地理、各类艺术设计流派的特征等。在日常生活中，商品信息采编人员要具备一双善于发现美的眼睛、勤奋的双手、善于思辨的头脑，并且尝试将商品详情页设计付诸实践。

4.3.3　商品卖点展示角度

商品卖点是商家传递给消费者的重要信息，它可以向消费者传递某种主张或某种承诺，告诉消费者购买该商品后会得到什么好处，并且是受消费者认可的。商家应根据服装鞋帽的特性，提炼其在品牌、外观、功能等方面的突出卖点，以此抓住消费者的眼球。常见的商品卖点展示角度如下。

 课堂讨论

> 说一说常见的商品卖点展示角度有哪些。

1. 卓越的品质

商品品质的好坏是决定消费者是否购买该商品的主要因素之一。商家只有保证商品品质，才能让消费者对商品更有信心。图 4-46 所示是在商品详情页中突出商品卓越的品质这个卖点的示例。

2. 高性价比

商品的性价比越高，消费者越愿意购买，因为这代表消费者花费较少的钱能买到较好的商品。图 4-47 所示的商品详情页中强调了商品的高性价比。

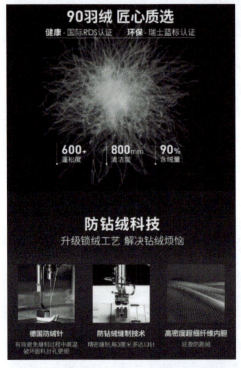

图4-46　卓越的品质

图4-47　高性价比

3. 显著的功效

不同的商品具有不同的功效，消费者购买商品实际上是购买商品所具有的功能和使用性能。如果商品的功效与消费者的需求相符合，且超出了消费者的预期，商品就会给他们留下良好的印象，从而得到他们的认可。图4-48所示为商品显著的功效。

4. 独家卖点

独家卖点是某个商品所拥有的，而其他同类商品没有的卖点。独家卖点是消费者对某个商品的识别点，即在消费者心中，这个卖点就代表这个商品。一般来说，核心卖点往往会被打造成独家卖点，如果某个商品拥有独家卖点，那么它的竞争力就是独一无二的。独家卖点主要有以下两种类型。

（1）独家认知垄断。独家认知垄断的卖点即无法复制、有一定行业门槛和壁垒的卖点。独家卖点一旦找到，消费者就会对商品形成强烈的关联认知，所以独家卖点具有其他卖点所无法比拟的核心竞争力。图4-49所示的"爆笑虫子联名"成为独家卖点，帮助其建立了竞争壁垒。

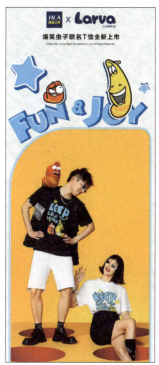

图4-48　商品显著的功效　　　　图4-49　独家卖点

（2）独家软实力。软实力通常是指企业的品牌价值、品牌故事、团队、某种独家工艺、某种独家配方、某种专利技术等，这些特点通常难以被同行复制和模仿。源于企业软实力的卖点具有唯一性，往往很容易被打造成独家卖点。

4.3.4　制作商品细节展示部分

下面以创客贴为例，讲述在线制作商品细节展示部分的具体操作步骤。

 专家指导

> 创客贴是一款简单好用的平面设计工具、在线图片编辑器，其提供免费设计模板，涵盖商品主图、商品详情页、电商横版海报、公众号封面图等场景。

（1）进入创客贴，选择"模板中心"下的"电商设计"，在右侧选择"商品详情页"，可以看到商品详情页的模板列表，如图 4-50 所示。

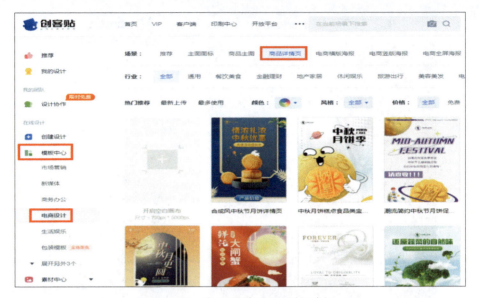

图4-50　商品详情页的模板列表

（2）从中选择一个合适的模板，进入编辑页面，单击左侧的"上传"按钮，如图 4-51 所示。

（3）弹出"我的上传"对话框，单击"上传素材"按钮，如图 4-52 所示。

图4-51　单击"上传"按钮

图4-52 单击"上传素材"按钮

（4）弹出"打开"对话框，从中选择要添加的细节图片，如图 4-53 所示。

（5）单击"打开"按钮，即可上传图片，如图 4-54 所示。

图4-53 选择要添加的细节图片

图4-54 上传图片

（6）对商品详情页模板进行编辑。设置文字"商品细节展示部分"的字号、颜色、字体、样式等，如图 4-55 所示。

（7）把商品细节图中的一张图片删除，然后拖动已上传的商品细节图到相应位置，以替换该图片，如图 4-56 所示。

（8）使用同样的方法替换其他商品细节图并调整位置，如图 4-57 所示。

图4-55 设置文字"商品细节展示部分"的字号、颜色、字体、样式等

图4-56 替换商品细节图

图4-57 替换其他商品细节图并调整位置

4.3.5　制作商品信息部分

制作图 4-58 所示的商品信息部分的具体操作步骤如下。

（1）进入创客贴，进入一个商品详情页编辑页面，找到商品信息部分，修改文字"商品信息"的字号、字体、颜色、样式等，如图 4-59 所示。

图4-58　商品信息部分

图4-59　修改文字"商品信息"的字号、字体、颜色、样式

（2）修改"品牌""款号""颜色""面料""尺码"对应的内容，并设置文字的字号、字体、颜色、样式等，如图 4-60 所示。

图4-60　修改"品牌""款号""颜色""面料""尺码"对应的内容

（3）把商品信息图删除，然后上传新的商品信息图，替换该图片，如图4-61所示。

图4-61　替换商品信息图

（4）修改"尺码""胸围""腰围""肩宽""衣长""体重"对应的内容，并设置文字的字号、字体、颜色、样式等，如图4-62所示。

图4-62　修改"尺码""胸围""腰围""肩宽""衣长""体重"对应的内容

课后提升案例 ↓

案例1　借用模特拍摄女装

借用模特拍摄女装时，商品信息采编人员可以先拍摄商品整体图，然后再拍摄其他造型图和细节图，具体操作步骤如下。

（1）这款羽绒服简约时髦，可以以街头作为拍摄背景。在拍摄服装时，模特要采用大气的妆容，展现出强大的气场。户外拍摄时一般采用自然光和顺光，如果光线不足，商品信息采编人员可以在背光处使用反光板进行补光。首先拍摄商品整体图，让消费者一眼就能看到服装的整体效果，如图 4-63 所示。

（2）拍摄服装的侧面，展示服装的侧面效果，如图 4-64 所示。

图4-63　服装的整体效果　　　图4-64　服装的侧面效果

（3）拍摄服装的背面，展现服装的背面效果，如图 4-65 所示。

（4）展示不同颜色服装的穿着效果，图 4-66 所示为粉色的穿着效果。

（5）拍摄服装的超大毛领、袖口、衣兜等细节，展示面料和设计上的亮点。图 4-67 所示为部分细节图。

图4-65　服装的背面效果

图4-66　粉色的穿着效果

图4-67　部分细节图

👤 想一想

模特在服装拍摄时有什么作用，如何利用模特拍摄服装图片？

_____

_____

_____

案例2　鞋帽商品海报制作

下面以创客贴为例讲述在线设计鞋帽商品海报的具体操作步骤。

（1）进入创客贴，选择"模板中心"下的"电商设计"，在右侧选择"电商横版海报"，可以看到电商横版海报的模板列表，如图4-68所示。

图4-68　电商横版海报的模板列表

（2）从中选择一个合适的模板，进入编辑页面，单击左侧的"上传"按钮，如图4-69所示。

（3）弹出"我的上传"对话框，单击"上传素材"按钮，如图4-70所示。

（4）弹出"打开"对话框，从中选择要添加的图片，如图 4-71 所示。

（5）单击"打开"按钮，即可上传图片，如图 4-72 所示。

图4-69　单击"上传"按钮

图4-70　单击"上传素材"按钮

图4-71　选择要添加的图片

图4-72　上传图片

（6）把模板中的商品图片删除，替换为已上传的商品图片，如图 4-73 所示。

图4-73　替换商品图

（7）修改优惠券金额，并设置文字的字号、字体、颜色、样式，如图 4-74 所示。商品促销文字可以根据需要修改。

图4-74 修改优惠券金额

想一想

什么是创客贴？如何利用创客贴设计商品海报？

_____

_____

_____

_____

课后跟踪实训 ↓

实训1 了解服装商品拍摄的注意事项

【任务描述】

小组内部交流、讨论服装商品拍摄的注意事项有哪些，并填写表 4-1。

表 4-1　服装商品拍摄的注意事项

序号	注意事项	具体内容
1	光源	
2	背景的选择	
3	模特的选择	
4	拍摄前服装要整理熨烫好	
5	商品摆放要一步到位	
6	适当搭配	
7	细节图	

实训2　撰写服装鞋帽商品详情页的作用

【任务描述】

小组内部交流、讨论撰写服装鞋帽商品详情页的作用有哪些，并填写表 4-2。

表 4-2　撰写服装鞋帽商品详情页的作用

序号	详情页的作用	具体内容
1	展示商品信息	

续表

序号	详情页的作用	具体内容
2	商品视觉营销	
3	首屏设计	
4	价值塑造	
5	商品卖点展示	

实训项目评价 ↓

序号	技能评价指标	分值	得分
1	了解服装鞋帽商品拍摄的注意事项	10	
2	掌握服装挂拍和平铺拍摄的技巧	20	
3	掌握皮鞋、围巾和帽子的拍摄技巧	10	
4	掌握服装鞋帽商品图片与视频的制作方法	20	
5	掌握商品主图的设计规范	10	
6	掌握服装鞋帽商品详情页的设计方法	30	

课后自测题 ↓

一、选择题

1. Photoshop 中的"（   ）"命令可以实现图片大小的调整。

A. 画布大小   B. 图像大小

C. 图像尺寸   D. 像素

2. 在商品主图的制作中，5 张商品主图建议从不同的角度展示商品，第（   ）张商品主图一般会在搜索结果页面中显示。

A. 1   B. 2

C. 3   D. 4

3. 商家一般将商品主图的尺寸统一为（   ）。

A. 300 像素 ×300 像素   B. 500 像素 ×500 像素

C. 800 像素 ×800 像素   D. 1000 像素 ×1000 像素

4. （   ）的设计在很大程度上决定了商品的转化率。

A. 首页   B. 商品分类页

C. 商品二级页   D. 商品详情页

5. （   ）是某个商品所拥有的，其他同类商品没有的卖点。

A. 独家卖点   B. 商品卖点

C. 商品特色   D. 商标

二、判断题

1. 服装平铺拍摄前要整理熨烫好，这是一个很重要的细节。（   ）

2. 商品拍摄时模特的选择同样很重要，尽量选择知名模特。（   ）

3. 服装商品都需要进行细节拍摄，以体现其材质和做工。（   ）

4. 商品主图最多可以有 10 张，最少要有 1 张。（   ）

5. 进入商品详情页后，消费者第一眼看到的就是商品详情页的首屏。（   ）

三、简答题

1. 服装挂拍技巧有哪些？

2. 服装平铺拍摄技巧有哪些？

3. 皮鞋的拍摄技巧有哪些？

4. 围巾、帽子的拍摄技巧有哪些？

5. 商品主图设计规范有哪些？

项目 5

珠宝首饰商品信息采编实战

课前导学

　　珠宝首饰商品拍摄需要展示其品质、材质、设计、做工等方面的综合效果。珠宝首饰商品的拍摄是所有商品中较难的，商品信息采编人员需要通过学习，积累经验，这样才不会走太多的弯路。大多数珠宝首饰商品的体积较小，在拍摄珠宝首饰商品时，最好选择微距摄影，所以具有微距拍摄功能的专业摄影设备必不可少。本项目介绍珠宝首饰商品信息采编实战方法，主要包括珠宝首饰商品的拍摄、珠宝首饰商品图片设计、珠宝首饰商品详情页设计。

教学目标

知识目标
- ◢ 了解珠宝首饰商品拍摄的注意事项
- ◢ 了解商品主图的设计形式
- ◢ 熟悉珠宝首饰网店经营分析

技能目标
- ◢ 掌握戒指、项链、珠宝的拍摄
- ◢ 掌握清除商品上的污迹的方法
- ◢ 掌握提高图片清晰度的方法
- ◢ 掌握制作商品参数部分的方法
- ◢ 掌握制作商品细节部分的方法

素养目标
- ◢ 理解珠宝首饰商品中的中国传统文化
- ◢ 理解国潮文化

【课中学】

任务5.1 珠宝首饰商品的拍摄

因为大多数珠宝首饰都较小，所以拍摄者在拍摄时通常会使用微距镜头，通过小光圈虚化背景，创造景深，突出主体。拍摄时应该根据每种珠宝首饰的材质，采取不同的拍摄方式，这样才能更好地展示出珠宝首饰的精致。

 课堂讨论

想一想珠宝首饰商品拍摄有哪些注意事项。

5.1.1 珠宝首饰商品拍摄的注意事项

要让珠宝首饰的拍摄效果更加完美，拍摄者需要掌握珠宝首饰商品的拍摄知识。下面对主要的注意事项进行介绍。

1. 注意外观特征

拍摄者在拍摄时要注意珠宝首饰的外观特征，要将其外观与背景生动地结合在一起。由于珠宝首饰形态各异、色彩丰富，拍摄时应充分展示其外观特征，让拍摄效果更加出彩、更加美观。图5-1所示为注意外观特征，该图中的戒指具有棱角分明的锯齿边，个性鲜明，颇具设计感。

图5-1 注意外观特征

2. 注意与背景的受光差异

拍摄者在拍摄时应充分考虑珠宝首饰与背景的受光差异，可利用逆光进行拍摄，应注意提前调整好拍摄的位置和角度。拍摄者也可利用室内和室外的光线差异，让拍摄的反光效果更加自然，图5-2所示为不同受光背景下拍摄的珠宝首饰。

图5-2　不同受光背景下拍摄的珠宝首饰

3. 背景和纹理的选择

拍摄者拍摄不同的珠宝首饰对光线的要求不同，对背景的要求也不一样，必须根据珠宝首饰的材质来选择合适的背景和纹理，以烘托被拍摄的对象。背景可以与珠宝首饰的质地产生鲜明的对比，以突出珠宝首饰的特点。这些对比包括粗糙与平滑、明亮与暗淡、柔和与坚硬等。图5-3所示为拍摄者根据珠宝首饰不同的特点，选择不同背景和纹理后拍摄出来的效果。

图5-3　拍摄者根据珠宝首饰不同的特点，选择不同背景和纹理后拍摄出来的效果

4. 摄影距离与镜头的选择

拍摄者在拍摄珠宝首饰时，具有微距拍摄功能的专业摄影设备必不可少。在拍摄过程中，拍摄者可以通过压缩景深，再配合使用大光圈，使焦点落在被拍摄的珠宝首饰上，从而最大限度地突出主体并增强画面的空间感。图5-4所示为在使用微距镜头的基础上运用镜面效果凸显珠子质感的示例。

5. 模特佩戴展示

　　展示珠宝首饰的方法很多，其中一种非常重要的展示方法就是通过模特佩戴来展示。模特佩戴图片的构图要清晰，主要的目的就是突出珠宝首饰。在拍摄中，模特是为烘托珠宝首饰而服务的，因此要避免拍摄模特的面部和整体，同时巧妙地运用裁剪与留白得到最佳的展示效果。如在拍摄手链等商品时，拍摄者可以结合模特手部的曲线来展示商品，图5-5所示为模特佩戴效果。

图5-4　在使用微距镜头的基础上
运用镜面效果凸显珠子质感的示例

图5-5　模特佩戴效果

5.1.2　戒指的拍摄

　　与其他商品不同，戒指非常小，拍摄者在拍摄时需要更加细致。如果使用一般的布光方式，可能会导致戒指不发光、很模糊，如图5-6所示。因此，拍摄者最好在不同方向放置反光板，反复进行拍摄。

　　拍摄者在拍摄戒指时，既要突出戒指外壁材质，也要突出其内壁材质。将戒指立起来拍摄出的效果会比其平放着更有立体感，从而强化空间感，如图5-7所示。

图5-6　戒指不发光、很模糊

图5-7　将戒指立起来拍摄

　　铂金钻石戒指很难拍，最大的挑战在于消除反光的负面影响。拍摄者在拍摄时不仅要突出铂金特有的金属光泽，而且要表现钻石的色彩。拍钻戒时，拍摄者在可以使用一些小的附件去表现钻石内部的光彩。清澈透明的钻戒多采用深色的背景进行陪衬，如图 5-8 所示。

　　一般戒指上都镶有一些珠宝，如玛瑙、翡翠、钻石等。不同材质的珠宝在摆放时的要求也不同，对于不透明的珠宝，拍摄者应在画面中展示其完整的形态；对于半透明的珠宝，拍摄者应找到能够优化逆光效果的角度。在图 5-9 中，戒指上的红色宝石是要突出的重点，要尽量完整地展示在画面中。

图5-8　清澈透明的钻戒多采用深色的背景　　图5-9　重点突出红色宝石
　　　　　进行陪衬

　　还需要拍摄几张不同角度下的戒指图片，让消费者详细了解戒指的细节，如图 5-10 所示。

图5-10　不同角度下的戒指图片

专家指导

　　不同材质的珠宝首饰所要展示的特点一般不一样，金银材质需要拍摄出高光线条，水晶材质需要拍摄出通透感，玉材质需要拍摄出柔润的反光面，商品信息采编人员要具体问题具体分析。

5.1.3 项链的拍摄

项链的拍摄技巧和戒指的拍摄技巧大同小异。需要注意的是，由于吊坠的材质或所使用的立方体宝石的不同，拍摄方法也会有所不同。拍摄者首先观察项链的哪部分是值得突出表现的，然后把这部分作为画面的重点来表现，并对其进行准确曝光，最好采用点测光或者中心测光的方式。

不同的背景有不同的作用，黑色背景可以衬托项链的光泽；白色背景可以使画面简洁明快，展示项链细节。为了更好地衬托出项链的颜色和质感，拍摄者可以选择一块黑色的绒布作为背景，如图 5-11 所示。

拍摄者在拍摄项链时，如果将链子部分全部展现，则无法表现吊坠的细节，所以应该用微距镜头放大吊坠部分，如图 5-12 所示。

图5-11 用黑色背景衬托出项链的颜色和质感　图5-12 用微距镜头放大吊坠部分

拍摄者可以尝试通过虚化背景来拍摄项链，如图 5-13 所示。项链的链子比较长时，如果整体的拍摄效果显得不自然，可适当进行裁剪，这样也可以获得不错的效果。

在项链等珠宝首饰的拍摄中，常常会用到大量的陪衬物体，但这样很容易喧宾夺主。在图 5-14 中，陪衬物体在画面中所占的面积比较大，应该适当减小。

图5-13 虚化背景　图5-14 陪衬物体在画面中所占的面积比较大

5.1.4　珠宝的拍摄

复杂的结构、金属反光、金属质感、钻石镶嵌等，再加上摆放的角度，都给珠宝拍摄增加了不少难度。拍摄者在拍摄珠宝时，非常重要的一点是，尽可能接近被摄商品，以抓住更多的细节。

珠宝拍摄的第一个要点就是避免用直射光，这种光线投影很明显且很容易令物体曝光过度，一般使用柔光箱能很好地体现珠宝质感，避免其他杂乱的环境光反射到被摄商品上，更能把珠宝上的明暗过渡表现得很好。图 5-15 所示为使用柔光箱拍摄珠宝。

珠宝拍摄时的摆放是一个很重要的问题，图 5-16 所示的珠宝摆放方式很有创意。

图5-15　使用柔光箱拍摄珠宝

图5-16　珠宝摆放方式很有创意

宝石和水晶则需要突出其晶莹剔透。拍摄者在拍摄宝石时，主要体现宝石的色彩；拍摄者在拍摄水晶时，则要体现水晶的透亮，如图 5-17 所示。拍摄者在拍摄中应该采用直射光，用光要柔和，如果用光太硬，可以将扩散片或者描图纸放在聚光灯上，软化光线。拍摄者还可以使用反光镜和凹面镜，它们可反射或聚集富有层次的光，使各个棱面清晰明亮。

珠宝光泽感很强，所以拍摄者在拍摄的时候要注意通过布光的角度控制反光。拍摄者在要重点研究并找出最能表现美丽光泽的部位，这样才能突出珠宝的做工，如图 5-18 所示。

图5-17　体现水晶的透亮

图5-18　具有美丽光泽的部位

深色的珠宝大多配亮色的背景，如图 5-19 所示。亮色的珠宝大多配深色的背景，如图 5-20 所示。暖色的珠宝大多配冷色的背景，冷色的珠宝大多配暖色的背景。

图5-19　深色的珠宝大多配亮色的背景　　图5-20　亮色的珠宝大多配深色的背景

专家指导

拍摄者在拍摄水晶时需要注意，如果没有底灯，最好采用悬空的方法进行拍摄，应使用黑色、白色或其他能够体现水晶通透感的背景。水晶在放置的时候尽量不要紧贴背景，这样更容易拍摄出水晶晶莹剔透的感觉。

知识拓展

手镯的拍摄

手镯和戒指一样，款式较少，但材质丰富。拍摄手镯时，拍摄者准备好背景、灯光、柔光罩、摄影棚、反光板等即可。此外，拍摄者最好再准备一些可以保持手镯形态的陈列用品，如图 5-21 所示。

拍摄者可以利用亚克力板来辅助手镯拍摄，如图 5-22 所示。

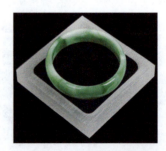

图5-21　手镯陈列用品　　　　5-22　利用亚克力板辅助手镯拍摄

手镯也可以佩戴拍摄，如图 5-23 所示。

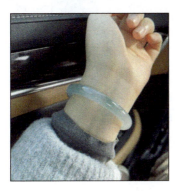 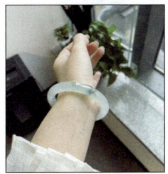

图5-23　佩戴拍摄

任务5.2　珠宝首饰商品图片设计

　　消费者在网上购物时，大多先看商品图片再看文字内容，因此一张好的商品图片对商品交易成功有很大帮助。

5.2.1　清除商品上的污迹

　　商品本身的污迹或者拍摄环境的杂乱会导致拍摄出的商品图片不够美观，此时商品信息采编人员可利用 Photoshop 的内容识别填充功能和"内容感知移动工具"来快速对图片进行处理，具体操作步骤如下。

（1）启动 Photoshop，打开一张图片，如图 5-24 所示。

（2）使用"套索工具"在图片的污迹部分创建选区，如图 5-25 所示。

图5-24　打开一张图片　　　　　　　图5-25　创建选区

（3）选择"编辑"|"填充"命令，打开"填充"对话框，在"内容"下的"使用"下拉列表框中选择"白色"选项，单击"确定"按钮，如图5-26所示。

（4）返回工作界面查看污迹被清除后的效果，如图5-27所示。

图5-26　"填充"对话框　　　　图5-27　污迹被清除后的效果

（5）使用同样的方法在图片中其他有污迹的部分创建选区，使用填充功能清除污迹，若清除不到位，可以选择"内容感知移动工具"，在污迹旁干净的地方绘制能够覆盖污迹的选区，如图5-28所示。

图5-28　绘制能够覆盖污迹的选区

（6）将选区拖到污迹上，即可覆盖并清除污迹，清除污迹后的效果如图5-29所示。

图5-29　清除污迹后的效果

5.2.2　提高图片清晰度

在 Photoshop 中通过锐化命令可以提高图片清晰度，锐化命令对调整图片清晰度有极大的帮助。当然，不是所有图片都能调整清晰度，因此商品信息采编人员在获取图片时，要尽可能选择高质量的图片，若条件允许，要将图片输出为 RAW 格式，给后期调整清晰度提供更大的空间。下面介绍商品信息采编人员如何使用 Photoshop 提高图片清晰度，具体操作步骤如下。

（1）打开一张不清晰的图片，如图 5-30 所示。

（2）选择"图像"|"模式"|"Lab 颜色"命令，如图 5-31 所示。

图5-30　打开图片　　　　图5-31　选择"Lab颜色"命令

（3）打开"图层"面板，在该面板中复制"背景"图层，如图 5-32 所示。

（4）选择"滤镜"|"锐化"|"USM 锐化"命令，弹出"USM 锐化"对话框，在对话框中设置"数量"为 74%，"半径"为 9.0 像素，"阈值"为 69 色阶，如图 5-33 所示。

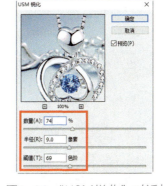

图5-32　复制"背景"图层　　　图5-33　"USM锐化"对话框

（5）在"图层"面板中将图层模式设置为"柔光"，"不透明度"设置为"63%"，如图 5-34 所示。

（6）最终效果如图 5-35 所示。

图5-34　设置图层模式

图5-35　最终效果

5.2.3　商品主图的设计要点

商品主图的基本设计要求是能够清晰地展示商品的全貌，并且不能有杂乱的背景。商品主图的设计要点主要有展示商品全貌、场景化设计、拼接式设计、突出商品品牌。

1. 展示商品全貌

展示商品全貌是商品主图常规的设计形式，如图 5-36 所示。这种设计形式的优点是干净、直接，可以让消费者快速了解商品的外观，便于消费者对商品进行鉴别、挑选，从而产生购买意向。

2. 场景化设计

商品主图另一种常规的设计形式是根据商品的特点和用途搭建使用场景，如图 5-37 所示。这种设计形式的优点是可以让消费者直观地感受商品的实际使用效果，间接地向消费者传达商品的适用人群和档次等信息。

图5-36　展示商品全貌的商品主图

图5-37　展示使用效果的商品主图

3. 拼接式设计

拼接式设计就是将多张商品图片合成一张商品主图，如图 5-38 所示。这种设计形式的优点是信息丰富，不仅可以同时展示商品的外观和实际使用效果，还可以让消费者对商品的可选颜色一目了然。其缺点是众多的商品图片放在一起，不能凸显商品特征。

4. 突出商品品牌

品牌商品都会在主图的一角放置品牌的 Logo，这种方式可以有效地让消费者识别品牌，唤醒老客户的消费记忆，吸引新客户的关注和消费，如图 5-39 所示。

图5-38　拼接式设计的商品主图

图5-39　突出品牌的商品主图

任务5.3　珠宝首饰商品详情页设计

商品详情页可以充分展示商品信息，下面将讲述珠宝首饰商品详情页设计的相关内容。

 课堂讨论

分析如何经营珠宝首饰网店。

5.3.1　珠宝首饰网店经营分析

目前大大小小的珠宝首饰网店有数十万家，商品种类繁多，包括金饰、银饰、翡翠等，还有一些地方特色商品，如云南工艺品、海南饰品等。下面介绍珠宝首饰网店的经营要点。

1. 明确目标种类

首先要明确目标种类，珠宝首饰商品种类繁多，总结起来共两类，一个是大众类，另一个是民族特色类。民族特色类商品一般只有有稳定货源的网店才会销售，大部分网店的商品都属于大众类。

2. 提高成交率

一般来逛珠宝首饰网店的人只是看一看，并没打算购买，有些人看到自己喜欢的珠宝首饰才会产生购买行为，我们称之为冲动型购物，而大部分人即使看到喜欢的珠宝首饰也不会购买，因为他们觉得不需要。记住，网店卖给消费者的不是珠宝首饰本身，而是珠宝首饰能给消费者带来的期望，要让消费者想象他戴上这件首饰后是多么美丽、时尚、有魅力、有品位，从而产生购买欲望。

3. 了解流行趋势

珠宝首饰能否引起消费者的购买欲望，主要取决于其是否吸引人。因此，商品信息采编人员还要注意流行趋势，尝试满足不同消费者的个性化需求。

5.3.2 制作商品参数部分

下面以创客贴为例讲述在线制作珠宝首饰商品参数部分的具体操作步骤。

（1）进入创客贴，选择"模板中心"下的"电商设计"，在右侧选择"商品详情页"，可以看到商品详情页的模板列表，如图5-40所示。

图5-40　商品详情页的模板列表

（2）从中选择一个合适的模板，进入编辑页面，单击左侧的"上传"按钮，如图 5-41 所示。

（3）弹出"我的上传"对话框，单击"上传素材"按钮，如图 5-42 所示。

图5-41　单击"上传"按钮　　　　图5-42　单击"上传素材"按钮

（4）弹出"打开"对话框，从中选择要添加的图片，如图 5-43 所示。

（5）单击"打开"按钮，即可上传图片，如图 5-44 所示。

图5-43　选择要添加的图片　　　　图5-44　上传图片

（6）进入商品详情页模板，把顶部的商品图片删除，然后替换为已上传的珠宝首饰商品图片，如图 5-45 所示。

（7）输入文字"足金碧玉戒指"，并设置文字的字号、颜色、字体、样式等，如图 5-46 所示。

（8）输入文字"商品参数信息"，并设置文字的字号、颜色、字体、样式等，如图 5-47 所示。

图5-45　替换商品图片

图5-46　输入文字并设置字号、颜色、字体、样式1

图5-47　输入文字并设置字号、颜色、字体、样式2

（9）把原来的商品图片删除，然后替换为上传的珠宝首饰商品图片，如图 5-48 所示。

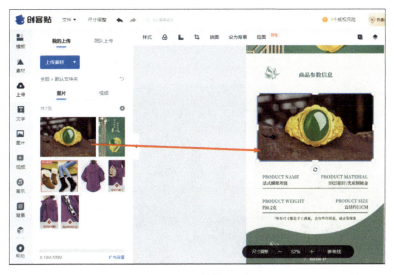

图5-48　替换图片

（10）输入具体的参数信息，并设置文字的字号、颜色、字体、样式等，最终效果如图 5-49 所示。

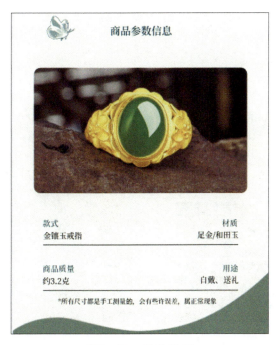

图5-49　最终效果

5.3.3 制作商品细节部分

下面讲述商品细节部分的制作，具体操作步骤如下。

（1）接着 5.3.2 节，进入商品细节部分的制作，如图 5-50 所示。

（2）单击"上传素材"按钮，上传所需要的商品细节图，如图 5-51 所示。

图5-50　进入商品细节部分的制作　　　　图5-51　上传商品细节图

（3）拖动已上传的一张商品细节图，替换原来的商品细节图，如图 5-52 所示。

图5-52　替换商品细节图

（4）修改商品细节图右侧的文字，并设置文字的字号、颜色、字体、样式等，如图 5-53 所示。

图5-53 修改商品细节图右侧的文字

（5）替换第二张商品细节图，如图 5-54 所示。

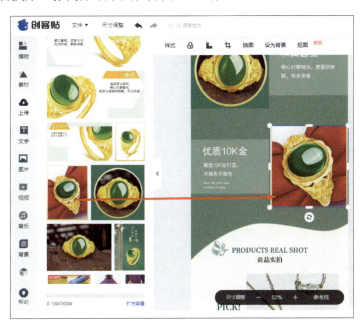

图5-54 替换第二张商品细节图

（6）修改第二张商品细节图右侧的文字，并设置文字的字号、颜色、字体、样式等，如图 5-55 所示。

（7）使用同样的方法替换其他图片，如图 5-56 所示。

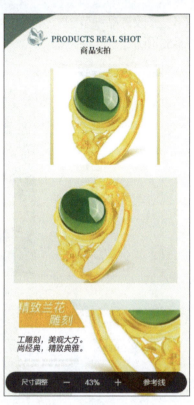

图5-55　修改文字　　　　　　　　　图5-56　替换其他图片

课后提升案例 ↓

案例1　拍摄手表

　　商品信息采编人员需要进行商品信息采集，拍摄手表商品图片并通过商品图片将手表的特质表现出来，以吸引消费者购买。通过多角度拍摄手表，商品信息采编人员可以展现手表的整体外观，给人以直观、立体的感受。为了更好地展现手表的卖点，本例从以下几个方面进行手表的拍摄。

　　（1）平拍：将表带扣起，用图书作为背景，使相机与手表基本持平，从手表正前方进行平拍，如图 5-57 所示。

　　（2）倾斜拍摄：改变相机位置，将手表倾斜，展现出手表表带扣起的环状立体结构，如图 5-58 所示。

图5-57　从手表正前方进行平拍　　　图5-58　将手表倾斜

（3）解开手表表带进行俯拍：解开手表表带，拉伸手表表带并将各种颜色的手表平放在背景纸上，采取斜线构图，垂直俯拍，展现出手表的表带颜色、表盘大小、表带长度、表带上孔的数量等信息，如图 5-59 所示。

（4）拍摄表盘细节：局部细节可以彰显手表的品质，突出展示手表的优点；为突出本款手表的材质与做工，可以使用微距镜头俯拍表盘，展现出表盘的刻度、指针、材质、调节按钮等细节，突出做工精致的特点，如图 5-60 所示。

图5-59　解开手表表带进行俯拍　　　图5-60　表盘细节

（5）表扣特写：通过微距镜头拍摄手表表扣部分，突出表扣方便调节、佩戴方便不易脱落的优势，如图 5-61 所示。

（6）背面拍摄：将表盘朝下放置，缩短拍摄距离，体现手表表盘底盖材质、文字标签等细节，如图 5-62 所示。

图5-61　表扣特写

图5-62　背面拍摄

（7）模特佩戴拍摄：让消费者了解手表的佩戴效果，需要注意的是，拍摄者在拍摄时重点表现手表的佩戴效果，如图 5-63 所示。

图5-63　模特佩戴拍摄

👤 想一想

如何拍摄手表？手表常见的拍摄角度有哪些？

_____

_____

_____

_____

案例2　设计珠宝首饰商品主图

下面以创客贴为例讲述在线设计珠宝首饰商品主图的方法，具体操作步骤如下。

（1）进入创客贴，选择"模板中心"下的"电商设计"，在右侧选择"商品主图"，可以看到商品主图的模板列表，如图 5-64 所示。

图5-64　商品主图的模板列表

（2）从中选择一个合适的模板，进入编辑页面，单击左侧的"上传"按钮，如图 5-65 所示。

（3）单击"上传素材"按钮，如图 5-66 所示。

图5-65　单击"上传"按钮　　　　图5-66　单击"上传素材"按钮

（4）弹出"打开"对话框，从中选择要添加的图片，如图 5-67 所示。

（5）单击"打开"按钮，即可上传图片，如图 5-68 所示。

图5-67　选择要添加的图片　　　　　图5-68　上传图片

（6）对商品主图进行编辑。商品信息采编人员把商品主图删除，然后替换为已上传的商品图片，如图 5-69 所示。

图5-69　替换商品图片

（7）修改促销文字，并设置文字的字号、颜色、字体、样式等，修改后的效果如图 5-70 所示。

图5-70　修改后的效果

想一想

商品主图的设计形式有哪些？如何使用创客贴设计商品主图？

_____

_____

_____

_____

_____

_____

课后跟踪实训 ↓

实训1　珠宝首饰商品拍摄

【任务描述】

小组内部交流、讨论珠宝首饰商品拍摄的注意事项有哪些，并填写表 5-1。

表 5-1　珠宝首饰商品拍摄的注意事项

序号	注意事项	具体内容
1	注意外观特征	
2	注意与背景的受光差异	
3	背景和纹理的选择	
4	摄影距离与镜头的选择	
5	模特佩戴展示	

实训2　了解商品主图设计的要点

【任务描述】

小组内部交流、讨论商品主图设计的要点有哪些，并填写表 5-2。

表 5-2　商品主图设计的注意事项

序号	注意事项	具体内容
1	展示商品全貌	

续表

序号	注意事项	具体内容
2	场景化设计	
3	拼接式设计	
4	突出商品品牌	

实训项目评价 ↓

序号	技能评价指标	分值	得分
1	掌握珠宝首饰商品拍摄的注意事项	10	
2	掌握戒指、项链、珠宝、手镯的拍摄	20	
3	掌握使用Photoshop清除商品上的污迹和提高图片清晰度的方法	20	
4	掌握商品主图的设计形式和利用创客贴设计商品主图的方法	20	
5	熟练进行珠宝首饰网店经营分析	10	
6	掌握使用创客贴设计珠宝首饰商品详情页的方法	20	

课后自测题 ↓

一、选择题

1. 在拍摄戒指时，既要突出戒指外壁材质，也要突出其内壁材质。（　　）拍摄会更有立体感，这样才能保证通过戒指看到背景。

A. 直立
B. 平躺
C. 俯拍
D. 仰拍

2. 在 Photoshop 中通过（　　）命令可以提高图片清晰度。

A. 对比度
B. 锐化
C. 饱和度
D. 色相

3. （　　）的优点是干净、直接，可以让消费者快速了解商品的外观。

A. 突出商品品牌
B. 拼接式设计
C. 展示商品全貌
D. 场景化设计

4. 珠宝拍摄的第一个要点就是避免用（　　），因为这种光线投影很明显且很容易令物体曝光过度。

A. 反射光
B. 逆光
C. 侧光
D. 直射光

二、判断题

1. 拍摄者在拍摄珠宝首饰时通常会使用微距镜头，通过使用小光圈虚化背景，创造景深，突出主体。（　　）

2. 不同材质的珠宝在摆放时的要求也不同，对于不透明的珠宝，拍摄者应在画面中展示其完整的形态；对于半透明的珠宝，拍摄者应找到能够优化顺光效果的角度。（　　）

3. 拍摄珠宝时应尽量使用直射光。（　　）

4. 如果没有底灯，水晶最好采用悬空的方法进行拍摄。（　　）

5. 商品主图的基本设计要求是能够清晰地展示商品的全貌，并且不能有杂乱的背景。（　　）

三、简答题

1. 珠宝首饰商品拍摄的注意事项有哪些？
2. 项链的拍摄技巧有哪些？
3. 珠宝首饰的拍摄技巧有哪些？
4. 商品主图的设计形式有哪些？
5. 经营珠宝首饰网店的注意事项有哪些？

项目

6

美妆护肤商品信息采编实战

 课前导学

　　打开电商网站，我们可以发现美妆护肤类目下有众多商品。这类商品深受广大消费者的喜爱，在各大电商网站中销量较高。本项目将从中选取最常见、最具代表性的美妆护肤商品，对其具体拍摄方法进行介绍，以帮助读者尽快掌握美妆护肤商品的信息采编技巧。

教学目标

知识目标

◢ 了解美妆护肤商品拍摄的注意事项

◢ 了解美妆护肤商品图片的制作

◢ 了解美妆护肤网店的经营要点

技能目标

◢ 掌握香水和口红的拍摄

◢ 掌握抠取商品图片的方法

◢ 掌握美妆护肤商品主图的设计

◢ 掌握美妆护肤商品促销部分和配方部分的制作

素养目标

◢ 了解中国传统元素在美容护肤商品图片设计中的应用

【课中学】

任务6.1 美妆护肤商品的拍摄

微课 扫一扫

美妆护肤商品的
拍摄

在购买美妆护肤商品时，消费者会格外关注其质地、功效等，同时也比较在乎其包装的美观度，因此商品信息采编人员在拍摄美妆护肤商品时要着重体现美妆护肤商品的相应特点。

 课堂讨论

说一说美妆护肤商品拍摄的注意事项有哪些。

6.1.1 美妆护肤商品拍摄的注意事项

商品信息采编人员拍摄单个美妆护肤商品时，需考虑如何使其富有美感和韵律感，比如进行色彩搭配、表现层次关系和平衡画面等，这将直接影响图片的最终效果。因此在拍摄时，商品信息采编人员要尽可能选择体现商品自身特点的角度。图 6-1 所示为通过拍摄打开的面霜来展示其质地，体现其细腻、清透、易吸收的特点。

图6-1 打开面霜进行拍摄

许多人在购买美妆护肤商品时往往不会只买一种商品，而是会购买整个系列的美妆护肤商品套装，这样不但使用起来更加方便，而且价格可能有优惠。在拍摄时，商品信息采编人员需对整个套装进行拍摄，让全部商品体现在同一张图片中，如图 6-2 所示。

美妆护肤商品的拍摄主要应注意以下几点。

（1）从整体到局部进行拍摄。商品信息采编人员可以根据商品的卖点，从整体到局部，从使用方法到商品成分等进行拍摄。

（2）商品信息采编人员在拍摄单个商品时，可使用模特展示商品的方式，对商品的功效和使用方法进行展示。如需展示乳液、面霜等商品的保湿功效时，可将商品在模特的手上或面部抹开，对商品进行较好的展示，如图 6-3 所示。

图6-2　对整个套装进行拍摄　　　图6-3　将商品在模特的手上抹开

（3）添加参照物。商品信息采编人员在拍摄时可适当添加参照物来展示商品的尺寸，以避免消费者对商品的真实尺寸产生误解。

（4）多角度拍摄。为避免拍摄时出现反光或光线不均匀的情况，商品信息采编人员可尝试从不同角度进行拍摄。

（5）拍摄时的打光。拍摄时光线是很重要的，稍有不慎就可能出现曝光过度的现象。商品信息采编人员应尽量采用纯色背景进行拍摄，且不能让背景喧宾夺主，也不能为了追求图片的美观而放弃图片的真实性，要展示商品的真实情况。

 专家指导

　　一些美妆护肤商品的包装是不透明的塑料瓶，但更多的美妆护肤商品采用半透明或全透明的玻璃瓶来凸显液体的成分与颜色。商品信息采编人员在拍摄时要表现出液体的透明特性，即通透感。

6.1.2 香水的拍摄

香水不但具有芬芳的气味，还有水晶般透明的外观。这种商品的特点是它能"透过"光线，稍有疏忽，就会曝光过度，所以拍摄时应尽可能在反映其通透性上下功夫。商品信息采编人员不仅要把香水本身的质感表现出来，增加其韵味，还要发挥想象力，让香水魅力提升。一般选择逆光作为主光，重点表现香水晶莹剔透的质感。

商品信息采编人员在拍摄时可根据香水的香型来选择不同的背景，为香水赋予不同的感情色彩。拍摄香水时，商品信息采编人员一般选择深色背景或白色背景，深色背景下的香水给人一种神秘的感觉，而白色背景下的香水给人一种干净、清新的感觉。当然也可以根据香水的颜色来选择背景的颜色，使画面的色彩更加丰富，如图 6-4 所示。

图 6-5 表现了香味的扩散，为抓住理想的状态，有可能需要反复拍摄上百次。

图6-4　选择其他颜色的背景　　图6-5　表现香味的扩散

拍摄香水时，在布光时要充分利用间接照明或光的反射。如选择白色的背景拍摄香水时，可将香水瓶放在静物台上，将灯光打在香水瓶的两侧，在灯上加上柔光箱，使光线变得柔和，避免光线直射而产生浓重的阴影，这是最常用也是最简单的布光方式。因为白色的背景可将香水的颜色真实地展示在消费者眼前。图 6-6 所示为使用白色的背景拍摄。

在拍摄香水时，商品信息采编人员除了要展示其色彩之外，还要展示其香味，最好搭配一些有味觉引导作用的饰品，图 6-7 所示为搭配一些植物来突出香味。

图6-6　使用白色的背景拍摄

图6-7　搭配一些植物来突出香味

　　透明的香水，可用逆光勾勒出香水瓶的轮廓，如图 6-8 所示。有颜色的香水多用白色透明的香水瓶来放置，所以利用普通的光线就能很好地表现其轮廓，如图 6-9 所示。

图6-8　用逆光勾勒出香水瓶的轮廓

图6-9　有颜色的香水

　　香水合理摆放也是拍摄的关键，对于一些造型特殊的香水来说，商品信息采编人员在拍摄时要尽量采用能体现它们自身特点的角度。图 6-10 所示为俯拍香水的效果。

　　在拍摄香水时不妨把香水带到户外去，在清新的大自然里展现香水的芬芳，让其与大自然交融。

图6-10　俯拍香水的效果

6.1.3　口红的拍摄

　　商品信息采编人员在拍摄口红时，主要体现口红的多种颜色和涂抹的质感。同时还要注意反光的问题，因为口红的外包装容易反光，一般采用柔光箱进行拍摄，若直接使用闪光灯拍摄，可在灯前添加描图纸柔化光线，并在另一侧使用白卡纸反射光线，减少口红外包装上半部分的反射光。

　　商品信息采编人员在拍摄口红时也可以将其打开，把口红膏体露出来，拍摄效果会更出色，同时用微距镜头拍摄，展示口红的质感，图6-11所示为打开口红拍摄。

　　在拍摄口红这类美妆护肤商品时，一定要在摆放上多下功夫。拍摄口红时，如果将口红全部平放在桌上，画面会显得非常单调、乏味，商品信息采编人员可以用灵活的方式将其重新摆放，如图6-12所示。倾斜或倒立摆放的口红要比常规竖直摆放的口红有更好的展示效果，而不同摆放方式的结合可让画面更美观。

图6-11　打开口红拍摄

图6-12　灵活摆放

将口红与包装结合能增强其造型空间感，如图 6-13 所示。

图6-13　包装和口红同时展现

在拍摄口红的时候，不同类型的口红的背景也应有所不同。暖色系的口红可以使用冷色系背景，如图 6-14 所示。冷色系的口红可以选择暖色系背景，也可以搭配花朵或其他饰品进行拍摄，使画面更加丰富。

口红的造型比较特别，将同一色系不同颜色的口红呈线型摆放，可营造出一种视觉延伸感，也可以将多支口红并排摆放，如图 6-15 所示。

微距拍摄在唇部和手臂上涂抹口红的效果可以清晰地展示口红的质感及实际的使用效果，加深消费者对口红颜色的了解，如图 6-16 所示。

图6-14　使用冷色系背景　　　　图6-15　将多支口红并排摆放

手臂试色实拍

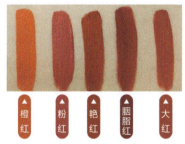

▲橙红　▲粉红　▲艳红　▲胭脂红　▲大红

图6-16　在手臂上涂抹口红的效果

知识拓展

膏体类商品拍摄

在常见的美妆护肤商品中，有很大一部分膏体类商品的包装采用的是瓶子。这类商品的拍摄除了需要注意前面所说的问题外，还要注意其外包装的拍摄，如图 6-17 所示。

有些膏体类美妆护肤商品的膏体本身也是需重点表现的对象，如润肤面霜，因此在拍摄时，商品信息采编人员可以打开瓶盖，突出膏体本身，如图 6-18 所示。

图6-17　外包装的拍摄　　图6-18　打开瓶盖，突出膏体本身

 专家指导

拍摄美妆护肤商品时，一定要用实物，如果有条件，商品信息采编人员还可拍摄使用前后的对比效果，这样更有助于促进销售。

任务6.2 美妆护肤商品图片制作

商品图片拍摄完成后，为了使商品图片的视觉效果更美观、更具吸引力，商品信息采编人员可对其进行处理。

6.2.1 更换商品图片背景

下面讲述如何使用"磁性套索工具"抠取商品图片，具体操作步骤如下。

（1）启动 Photoshop，打开一张图片，在工具箱中选择"磁性套索工具"，如图 6-19 所示。

（2）先点击确定起点，然后拖动光标并沿瓶子边缘移动，最终回到起始点，这样就完成了整个瓶子的选择操作，如图 6-20 所示。

图6-19 打开图片

图6-20 选中瓶子

（3）选择"选择"|"修改"|"羽化"命令，弹出"羽化选区"对话框，在"羽化半径"文本框中输入"0.5"，如图 6-21 所示。

（4）选择"编辑"|"拷贝"命令，复制图像。打开一张图片，作为新背景，选择"编辑"|"粘贴"命令，将复制的图像粘贴到新背景中，如图 6-22 所示。

图6-21 "羽化选区"对话框

图6-22 粘贴图像

（5）选择"编辑"|"自由变换"命令，将图层 1 缩小到理想状态，如图 6-23 所示。

图6-23 缩小图层1

6.2.2　设计美妆护肤商品主图

商品主图对商品的点击率和转化率有非常大的影响，要想使商品主图更有吸引力，更能为商品销售提供帮助，就需要精心设计商品主图。下面介绍使用Photoshop 设计美妆护肤商品主图的方法，具体操作步骤如下。

（1）启动 Photoshop，打开"主图背景"图片，如图 6-24 所示。

（2）选择"文件"|"置入嵌入的对象"命令，弹出"置入嵌入的对象"对话框，在对话框中选择要置入的图片"口红"，单击"置入"按钮，如图 6-25 所示。

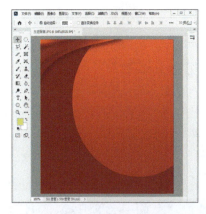

图6-24　打开"主图背景"图片　　　　图6-25　置入图片

（3）置入图片后的效果如图 6-26 所示。

（4）拖动图片对角线处的小方块，按比例调整图片的大小，调整后的效果如图 6-27 所示。

（5）选择工具箱中的"魔棒工具"，如图 6-28 所示。

（6）在置入的图片上单击选中白色背景，如图 6-29 所示。

图6-26　置入图片后的效果　　　　图6-27　调整图片的大小

图6-28　选择工具箱中的"魔棒工具"

图6-29　选中白色背景

（7）按 Delete 键删除背景，如图 6-30 所示。

（8）选择工具箱中的"圆角矩形工具"，在文档窗口中绘制圆角矩形，如图 6-31 所示。

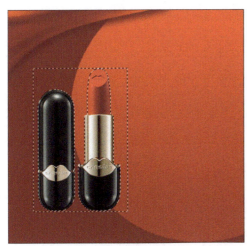

图6-30　删除背景

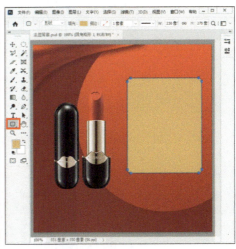

图6-31　绘制圆角矩形

（9）在"属性"面板中设置圆角矩形的填充颜色为"红色"，描边颜色为"黄色"，描边宽度为"3 像素"，如图 6-32 所示。

（10）在圆角矩形内输入文字"前 1000 名"，在工具选项栏中设置字体为"黑体"、字号为"30 点"，如图 6-33 所示。

（11）输入文字"加送"，在工具选项栏中设置字体为"黑体"，字号为"60 点"，颜色为"黄色"，如图 6-34 所示。

（12）选择"图层"|"图层样式"|"描边"命令，弹出"图层样式"对话框，在对话框中设置描边大小为 3 像素，描边颜色为黑色，如图 6-35 所示。

（13）设置描边样式后的效果如图 6-36 所示。

（14）输入其他文字并设置合适的字号、字体、颜色，如图 6-37 所示。

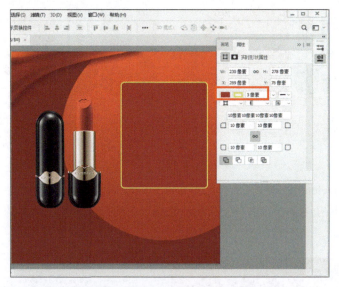

图6-32　调整圆角矩形的效果

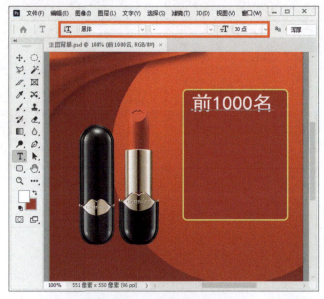

图6-33　输入文字并设置字体、字号

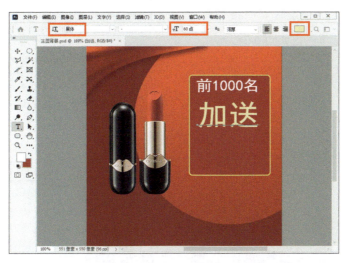

图6-34　输入文字并设置字体、字号、颜色

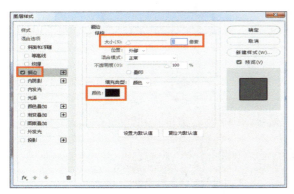

图6-35　设置描边参数

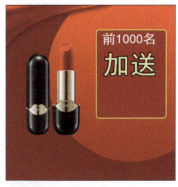

图6-36　设置描边样式后的效果

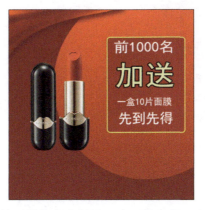

图6-37　输入其他文字并设置合适的字号、字体、颜色

（15）选择工具箱中的"矩形工具"，在底部绘制矩形，在"属性"面板中设置矩形的填充颜色，如图6-38所示。

图6-38　绘制矩形并设置填充颜色

（16）输入文字"满300元减50元"，并设置字体为"黑体"，字号为"30点"，如图6-39所示。

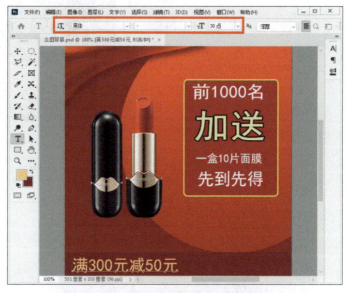

图6-39　输入文字并设置字体、字号

（17）选择工具箱中的"椭圆工具"，在右下角绘制椭圆，在"属性"面板中设置椭圆的填充颜色为"红色"、描边颜色为"黄色"、描边宽度为"5像素"、描边类型为"虚线"，如图6-40所示。

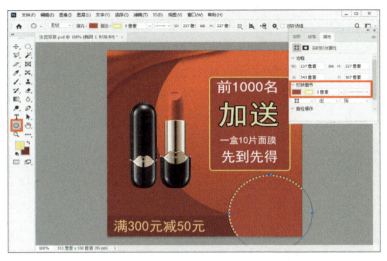

图6-40　绘制椭圆并设置属性

（18）在椭圆内输入文字"活动价"和"86元"，并设置合适的字体、字号和颜色，最终效果如图6-41所示。

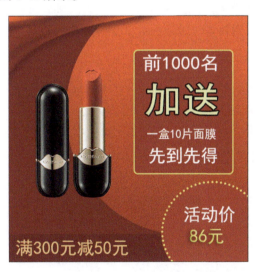

图6-41　最终效果

任务6.3　美妆护肤商品详情页设计

利润丰厚的美妆护肤商品市场蕴藏着巨大的商机，这自然吸引了大量商家进入。本节介绍美妆护肤商品详情页设计。

课堂讨论

说一说经营美妆护肤商品网店有哪些注意事项。

6.3.1 美妆护肤商品网店经营分析

微课 扫一扫

美妆护肤商品网店
经营分析

如今美妆护肤商品网店越来越多，竞争也越来越激烈，各网店纷纷使出浑身解数以吸引更多的消费者。一些没有特色、没有价格与信誉优势的小店，就会没有竞争力。那么，网店经营美妆护肤商品有哪些注意事项呢？

1. 保证质量和货源

首先要保证商品是正品，有固定可靠的货源。消费者一旦使用了劣质美妆护肤商品，不仅不能美容还很可能被毁容。因此，如何消除消费者对于美妆护肤商品质量的担忧，是美妆护肤商品网店面临的最大的挑战之一。网店推出"如有质量问题承诺无条件退货"等售后服务对于获得消费者的信任很有必要。

2. 做好选品工作

据电商平台销售数据，大众消费水平的快速提升让高端美妆护肤商品市场变得兴旺。消费者购买的单品均价从过去的 200 元以内，逐步向 500～600 元靠拢。建议网店经营者多看些时尚杂志，多注意这些杂志推荐的商品。一般来说，当期时尚杂志推荐的商品销售量会高一些。此外，电视广告正大力宣传的商品也是热门商品。图 6-42 所示是时尚杂志推荐的商品。

图6-42　时尚杂志推荐的商品

3. 突出卖点

卖点就是商品的闪光点，就是商品吸引消费者的地方。图 6-43 所示为突出了商品的卖点。

图6-43 突出了商品的卖点

4. 掌握一定的美容化妆知识

美妆护肤商品网店的经营者必须具备一定的美容化妆知识。因为美妆护肤商品切实关系到使用者的皮肤健康和身体健康。如果没有一定的美容化妆知识，网店的经营者就容易被美妆护肤商品的表象迷惑，选不出好的商品进行售卖。网店的经营者不能夸大商品用途，要敢于对消费者说真话。面对消费者时，网店的经营者要仔细询问其年龄、肌肤性质、肌肤特点及其对商品的期望，这样才能有针对性地推荐适合他们的商品。

6.3.2 制作美妆护肤商品促销部分

我们使用 Photoshop 制作美妆护肤商品促销部分的具体操作步骤如下。

（1）启动 Photoshop，打开"商品促销部分背景"图片，如图 6-44 所示。

（2）选择"文件"|"置入嵌入的对象"命令，弹出"置入嵌入的对象"对话框，在该对话框中选择要置入的图片"护肤品"，单击"置入"按钮，如图 6-45 所示。

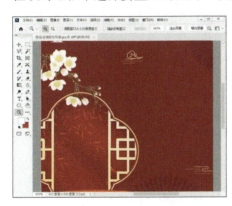

图6-44 打开图片

图6-45 置入图片

（3）置入图片后的效果如图 6-46 所示。

（4）单击图片对角线处的小方块，按比例调整图片的大小和位置，调整后的效果如图 6-47 所示。

图6-46　置入图片后的效果　　　图6-47　调整图片的大小和位置

（5）选择工具箱中的"魔棒工具"，如图 6-48 所示。

（6）在置入的图片上单击选中白色背景，按 Delete 键删除背景，如图 6-49 所示。

图6-48　选择工具箱中的"魔棒工具"　　　图6-49　删除背景

（7）使用"矩形选框工具"选中没有删除的细小部分，按 Delete 键删除，如图 6-50 所示。

图6-50 删除细小部分

（8）选择工具箱中的"直排文字工具"，如图 6-51 所示，输入文字"年货节大促销，呵护清爽肌肤"，在"属性"面板中设置字体为"黑体"，字号为"48 点"，颜色为"黄色"，如图 6-52 所示。

图6-51 选择"直排文字工具"

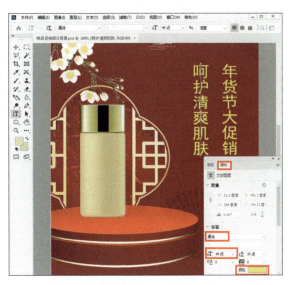

图6-52 输入文字并设置字体、字号、颜色

（9）选择工具箱中的"圆角矩形工具"，在文档窗口中绘制圆角矩形，并设置圆角矩形的颜色，如图 6-53 所示。

（10）在圆角矩形中输入促销文字"全场满 199 元减 30 元，满 299 元减

50 元"，并设置文字的字号为"16 点"，颜色为"黑色"，如图 6-54 所示。

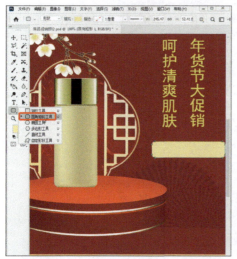

图6-53　绘制圆角矩形并设置颜色　　图6-54　输入促销文字并设置字号和颜色

素养
提升

　　中国传统文化元素在电商页面设计中起着画龙点睛的作用，不仅可以生动形象地传达出设计者的意图，还可以充分体现出一种民族文化的意境美，从而与消费者产生精神上的共鸣，这是因为中国传统文化元素是民族文化的浓缩。电商页面设计的发展需要不断创新，在充分运用中国传统文化元素的基础上，借鉴世界各国相关设计领域的先进经验，运用可以充分彰显民族精神和时代风貌的元素，将中国传统文化元素中的气韵与风度融入电商页面设计作品中，让世界通过中国传统文化元素加深对中国的印象，帮助世界了解中国，切实将电商页面设计中的中国传统文化元素作为文化传播的纽带，向全世界展示中华民族的创造力。

　　北京冬奥会的会徽、奖牌、火炬、吉祥物、赛事图标、比赛服等，均从中国传统文化元素中汲取灵感，让历史含义扩展、生长，它们不仅续写了中国走向未来的文化主张，更用极富中国浪漫色彩的审美表达，展现了新时代中国的精神气质。这些视觉设计作品不仅陪伴了整个北京冬奥会，还会在北京冬奥会结束后长久留传，由它们塑造的视觉形象将随着时间的推移而淬炼出历史的穿透力。

6.3.3　制作美妆护肤商品配方部分

　　我们使用 Photoshop 制作美妆护肤商品配方部分的具体操作步骤如下。

　　（1）启动 Photoshop，打开"商品配方部分背景"图片，如图 6-55 所示。

　　（2）选择工具箱中的"横排文字工具"，输入文字"复方植物精华配方"，在"属性"面板中设置字体为"黑体"、字号为"24 点"、颜色为"黄色"，如图 6-56 所示。

 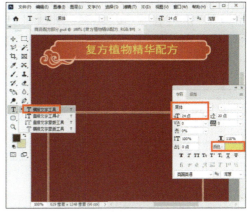

图6-55　打开"商品配方部分背景"图片　　图6-56　输入文字并设置字体、字号、颜色1

（3）选择工具箱中的"横排文字工具"，输入文字"感受来自科学配方的效果，扫除阴霾，还你自信"，在"属性"面板中设置字体为"黑体"、字号为"18点"、颜色为"黄色"，如图6-57所示。

（4）选择"文件"|"置入嵌入的对象"命令，弹出"置入嵌入的对象"对话框，在对话框中选择要置入的图片"配方图1"，单击"置入"按钮，如图6-58所示。

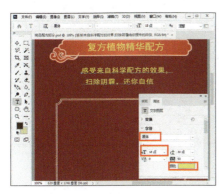 

图6-57　输入文字并设置字体、　　　　图6-58　置入"配方图1"
　　　　　字号、颜色2

（5）拖动置入图片对角线处的小方块，按比例调整置入图片的大小，调整后的效果如图6-59所示。

（6）选择工具箱中的"横排文字工具"，输入文字"积雪草成分"，在"属性"面板中设置字体为"黑体"、字号为"18点"、颜色为"黄色"，如图6-60所示。

图6-59　调整置入图片的大小

图6-60　输入文字并设置字体、字号、颜色3

（7）选择工具箱中的"横排文字工具"，输入文字"添加到护肤品中强化肌肤屏障，抗氧化，改善肌肤弹性，改善水油平衡，有效提升肌肤保水能力。"在"属性"面板中设置字体为"宋体"、字号为"12点"、颜色为"黄色"，如图6-61所示。

（8）使用同样的方法置入其他图片，并输入文字，最终效果如图6-62所示。

图6-61　输入文字并设置字体、字号、颜色4

图6-62　最终效果

课后提升案例 ↓

案例1　拍摄睫毛膏

睫毛膏通常采用塑料瓶包装，拍摄难度较香水及口红稍低一些。这类商品只需要如实地表现外观。

通常情况下，睫毛膏的瓶身都很光滑，也容易反光，所以需要用两盏灯进行照明，同时又不能将光线直接照射到睫毛膏的瓶身上，而是要给灯加上柔光箱，并将其放置在睫毛膏的两侧，让瓶身接受柔和的光照。拍摄时，拍摄者应注意两侧光的亮度及反射区域的大小应保持一致，这样拍摄出来的图片比较好看。

单独拍摄睫毛膏多少会有些单调，这时可借助其他化妆工具或者美妆护肤商品一起拍摄，效果会好很多，一起拍摄的商品最好是同品牌的或同一种风格的。图 6-63 所示为多件商品一起拍摄。

另外，将睫毛膏拿在手里拍摄也是一种方法，这样可以让消费者看到手中商品的真实大小。在光线的选择上大多会用夹光突出其外轮廓。刷子比较小巧，所以一般用专业的微距镜头进行拍摄，如图 6-64 所示。

图6-63　多件商品一起拍摄

图6-64　用微距镜头拍摄刷子

👤 想一想

拍摄者拍摄睫毛膏时有什么注意事项？

_____

_____

_____

_____

案例2　拍摄护肤品套装

本例将拍摄护肤品套装，具体操作步骤如下。

（1）将护肤品套装放在桌面上，从正前方拍摄带有包装的商品图，这种包装可视性很强，可以完美地把里面的商品呈现出来，如图 6-65 所示。

（2）打开包装，将包装盒放后面，护肤品放前面，旁边放置一些绿色植物等作为装饰，平拍商品，如图 6-66 所示。

图6-65　带有包装的商品图　　　　　　　图6-66　平拍商品

（3）在桌面上铺上竹帘，将面霜放在竹帘上，打开瓶盖，将瓶盖放置在瓶身旁，展示打开瓶盖的效果，如图 6-67 所示。

（4）将洁面膏放在木板上，旁边放一些白色的花进行装饰，展示商品的整体效果，使画面变得更加丰富多彩，如图 6-68 所示。

图6-67　展示打开瓶盖的效果　　　　　　图6-68　展示商品的整体效果

（5）打开洁面膏，挤一部分到手上，拍摄使用前的效果；轻轻打圈按摩，拍摄洁面膏产生的丰富细腻的泡沫；再拍摄用清水冲洗干净的画面，如图 6-69所示。

图6-69　洁面膏拍摄

（6）拆开精华水的包装，将其放在桌子上，包装盒摆放在精华水后方一侧，对准瓶身进行对焦，使画面产生景深效果，如图 6-70 所示。

（7）打开瓶盖，将精华水倒一点在手背上，拍摄使用前的画面，用另一只手轻轻拍打，拍摄其被吸收的画面，拍摄使用效果如图 6-71 所示。

图6-70　精华水拍摄　　　　　　图6-71　拍摄使用效果

（8）将乳液放在白色的桌子上，将包装盒摆放在其后方，对准瓶身进行对焦，如图 6-72 所示。

（9）将瓶盖打开，将乳液倒在器皿里或者手背上，展示乳液质地，如图 6-73 所示。

图6-72　对准瓶身进行对焦

图6-73　展示乳液质地

想一想

美妆护肤商品拍摄的注意事项有哪些？如何拍摄护肤品套装？

_____

_____

_____

_____

课后跟踪实训 ↓

实训1　了解美妆护肤商品拍摄的注意事项

【任务描述】

小组内部交流、讨论美妆护肤商品拍摄的注意事项有哪些，并填写表 6-1。

表 6-1　美妆护肤商品拍摄的注意事项

序号	注意事项	具体内容
1	从整体到局部进行拍摄	

续表

序号	注意事项	具体内容
2	使用模特展示商品的方式	
3	添加参照物	
4	多角度拍摄	
5	拍摄时的打光	

实训2　制作美妆护肤商品详情页

【任务描述】

　　小组内部交流、讨论使用 Photoshop 制作美妆护肤商品详情页需要哪些工具，并填写表 6-2。

表 6–2　制作美妆护肤商品详情页的工具

序号	制作过程	具体操作方法
1	利用"魔棒工具"抠取商品	
2	置入文件	
3	使用文字工具并设置文字字体、字号、颜色	
4	使用图层样式	

实训项目评价 ↓

序号	技能评价指标	分值	得分
1	掌握美妆护肤商品拍摄的注意事项	20	
2	掌握香水、口红等美妆护肤商品的拍摄	30	
3	掌握美妆护肤商品图片的制作	20	
4	掌握美妆护肤商品详情页的设计	30	

课后自测题 ↓

一、选择题

1. 商品信息采编人员在拍摄时可适当添加（　　）来展示商品的尺寸，以避免消费者对商品的真实尺寸产生误解。

A. 参照物　　　　　　　　　　B. 装饰品

C. 模特　　　　　　　　　　　D. 包装盒

2. 商品信息采编人员应尽量采用（　　）背景进行拍摄，且不能让背景喧宾夺主。

A. 黑色　　　　　　　　　　　B. 纯色

C. 白色　　　　　　　　　　　D. 搭配

3. 拍摄香水时，（　　）背景下的香水给人一种神秘的感觉。

A. 白色　　　　　　　　　　　B. 黑色

C. 深色　　　　　　　　　　　D. 黄色

4.（　　）不是 Photoshop 的常用选择工具。

A. 多边形套索工具　　　　　　B. 矩形工具

C. 魔棒工具　　　　　　　　　D. 磁性套索工具

二、判断题

1. 一些美妆护肤商品的包装是不透明的塑料瓶，但更多的美妆护肤商品采用半透明或全透明的玻璃瓶来凸显液体的成分与颜色。商品信息采编人员在拍摄时要表现出液体的透明特性，即通透感。（   ）

2. 商品信息采编人员可以根据商品的卖点，从整体到局部，从使用方法到商品成分等进行拍摄。（   ）

3. 拍摄美妆护肤商品时，可以直接使用商品的广告宣传图片。（   ）

4. 商品图片拍摄完成后，为了使商品图片的视觉效果更美观、更具吸引力，可对其进行处理。（   ）

5. 商家可以夸大美妆护肤商品的用途。（   ）

三、简答题

1. 美妆护肤商品拍摄的注意事项有哪些？

2. 香水的拍摄有哪些注意事项？

3. 口红的拍摄有哪些注意事项？

4. 拍摄睫毛膏有哪些注意事项？

5. 经营美妆护肤网店有哪些注意事项？

项目
目
7

美食商品信息采编实战

 **课前导学**

　　美食商品摄影在生活中非常常见，且越来越受到人们的重视，好的美食商品图片可以激起消费者的购买欲望。本项目将选取最常见、最具代表性的美食商品，对其具体拍摄方法进行介绍，以帮助读者尽快掌握美食商品的信息采编技巧。

 **教学目标**

知识目标

　　■ 了解美食商品拍摄的基础知识

　　■ 熟悉美食商品促销海报设计标准

　　■ 熟悉美食商品网店经营分析

技能目标

　　■ 掌握菜品和主食类食品的拍摄

　　■ 掌握巧克力、水果、糖果的拍摄

　　■ 掌握商品详情页卖点说明部分的制作

　　■ 掌握美食商品促销海报的制作

素养目标

　　■ 运用"中国风"进行商品海报设计

【课中学】

任务7.1 **美食商品的拍摄**

微课 扫一扫

美食商品的拍摄

在各大电商平台上，各种美食商品占据了非常大的份额，这也推动了美食商品摄影的发展。美食商品不仅要拍得漂亮，还要拍得有食欲，让消费者一看到就产生购买欲望。

7.1.1　菜品和农产品的拍摄

拍摄菜品和农产品的难点主要体现在两个方面：突出菜品和农产品的口感，如松软、酥脆、细腻等；突出菜品和农产品的新鲜、可口、卫生、漂亮等特点，使人垂涎三尺。

 课堂讨论

说一说菜品和农产品拍摄的注意事项有哪些。

1. 突出产品的口感

菜品和农产品的口感主要通过光线的布置来突出。拍摄菜品大多追求色彩的正常还原，尤其是拍摄凉菜、西式点心、快餐一类菜品时，如图 7-1 所示。有时也会采用暖光来照明，如在拍摄煎炸食品、烘烤制品时，金黄的色泽凸显了菜品的新鲜和香脆、松软的口感，如图 7-2 所示。

图7-1　拍摄凉菜

图7-2　用暖光拍摄的烘烤制品

明亮的光线可以让农产品的色彩和口感都得到很好的刻画。拍摄时，拍摄者可以略微增加曝光量，使产品白色部分略微曝光过度，增强画面的纯净感。

拍摄者也可以采用侧光拍摄农产品，因为侧光不仅可以表现出农产品的色彩，而且可以产生明暗对比，使画面立体感更加强烈，如图7-3所示。

为了吸引更多的消费者，大部分农产品拍摄者常常会通过创意拍摄来展示自己的产品，让消费者提高购买欲望，如图7-4所示。

图7-3　用侧光拍摄商品　　　　图7-4　创意拍摄商品

2. 突出产品的新鲜、可口、卫生、漂亮

要想突出产品的新鲜、可口、卫生、漂亮等特点，拍摄者就需要通过餐具、摆盘、角度、场景拍摄等来体现，下面分别进行介绍。

（1）餐具：餐具太花哨会让人眼花缭乱，简单的餐具能让食品本身的特点体现得更加淋漓尽致；可以用有造型的餐具或配套餐具，这样更能体现出食品的诱惑力，如图7-5所示。

（2）摆盘：食品的外观与摆盘密不可分，摆盘时不要装得太满，留一点空间，食品不要堆放在一起，要有序排列，这样展现出的效果将更好，如图7-6所示。

图7-5　用有造型的餐具　　　　图7-6　摆盘时不要装得太满

（3）角度：拍摄者可以尝试从食品的不同角度拍摄，灵活选择拍摄角度，拍摄时多采用俯拍或者侧拍的角度，这种角度可以很好地刻画食品的立体外形和质感，还可以产生美妙的虚化效果和纵深感；蛋糕、汉堡、三明治等有层次感的食品，拍摄者最好以平视或仰视角度进行拍摄，图 7-7 所示为俯拍切开的蛋黄酥。

（4）场景拍摄：在拍摄农产品时，可以采用场景拍摄的方式进行拍摄，如用产品产地及环境体现产品的绿色环保，让消费者产生信任，如图 7-8 所示。

图7-7　俯拍切开的蛋黄酥　　图7-8　采用场景拍摄的方式拍摄的商品

 **专家指导**

拍摄表面沾满油脂的食品，如烹调好的菜品、红烧或熏烤的肉类时，布光则不能过于追求真实，应注重整体的照明，可以使用斜侧的主光和有个性的辅光，使效果更具吸引力。

7.1.2　巧克力的拍摄

巧克力属于半吸光体，太硬的光线往往会使巧克力失去质感，而太软的光线又不能把巧克力的层次感体现出来。因此，商品信息采编人员在拍摄时要根据巧克力的颜色、形状和外层样式来确定光的方向和软硬。

若拍摄表面光滑的巧克力，可选用软光，如图 7-9 所示；而表面粗糙的巧克力则多使用硬光进行拍摄，如图 7-10 所示。

图7-9　表面光滑的巧克力　　　　　图7-10　表面粗糙的巧克力

巧克力一般是深色的，可以搭配橙色来凸显，如图 7-11 所示。摆放一定要有纵深感，在营造场景时要注意前后搭配及场景的虚实。

拍摄者对巧克力整体进行拍摄时，可以选用一些树叶进行搭配，使巧克力的精美包装更加突出，也使画面更加清新，如图 7-12 所示。

图7-11　搭配橙色凸显　　　　　　　图7-12　整体拍摄

展现巧克力内部时，可以掰下一块巧克力拍摄特写镜头，这样可以更直观地让消费者感受到巧克力的香脆，展现巧克力的色泽，如图 7-13 所示。

图 7-14 所示为巧克力的外包装，该包装可以更好地吸引消费者进行购买。

图7-13　巧克力的特写镜头　　　　图7-14　巧克力的外包装

7.1.3　水果的拍摄

　　大多数水果不但富含维生素，而且色泽艳丽、酸甜可口，拍摄水果时可根据这些特点对水果进行展现。拍摄时，拍摄者首先需要将水果的色彩拍摄出来，并保证色彩鲜亮不失真，这样水果看上去才会让人有食欲。其次，拍摄者若需要使水果的色彩更加鲜亮，还需要正确补光，让水果显得更新鲜、可口。图 7-15 所示为不同颜色和口感的水果的拍摄效果。

图7-15　不同颜色和口感的水果的拍摄效果

如果拍摄的是一堆水果，最简单的方法就是近距离拍摄，让水果铺满整个画面。水果之间的阴影可以为画面带来一些变化，铺满画面的水果也能给人一种满足感，如图7-16所示。

如果拍摄两三个水果，可以考虑给它们设计一个造型。在图7-17中，拍摄者就利用两个樱桃的梗摆出了特殊的造型，从而使画面更具美感。

图7-16　近距离拍摄水果

图7-17　摆造型

下面介绍拍摄水果的技巧。

（1）水果越新鲜越好，颜色鲜艳、没有伤痕的水果往往是最佳选择。在布景之前要对水果进行清洗并将水擦干，这很重要，尤其是擦干。

（2）切开水果拍摄。拍摄饱满多汁的果肉在充分表现色彩的同时，还能得到更具美感的画面。比如火龙果、哈密瓜、橘子等在切开后，色彩会更鲜艳，如图7-18所示。将切开的水果和完整的水果放在一起拍摄，既可以丰富画面内容，又可以让水果展现出不同的形态美，如图7-19所示。

图7-18　切开水果拍摄

图7-19　将切开的水果和完整的水果一起拍摄

（3）只拍摄水果，难免会显得单调，因此可加入一些道具。拍摄时可使用能够与水果搭配的饰品，如餐桌、盘子、鲜花等，这样整个画面看起来会丰富很多，如图 7-20 所示。

容器对于水果拍摄来说也至关重要，容器不需要拍摄完整，确保水果的形态得到完整表现即可。

图7-20   添加盘子后的拍摄

（4）拍摄水果的角度也非常重要，要从各个能展现水果特色的角度进行拍摄，如图 7-21 所示。

图7-21   从不同角度拍摄水果

（5）拍摄时可以手动创造一些效果让水果更有吸引力。如在水果表面喷一些水雾，画面中的水果就会产生晶莹剔透的效果，再加上灯光，拍摄出来的图片就会十分诱人，如图 7-22 所示。

（6）用手拿着水果拍摄，可呈现出水果将被吃掉的视觉效果。另外，手拿水果也会给人一种"水果刚被摘下来"的联想，适合表现水果的新鲜。正因为以上两点，在很多水果展示图片中，手拿水果的画面会经常出现，如图 7-23 所示。

图7-22　喷一些水雾拍摄　　　　　　图7-23　用手拿着水果拍摄

7.1.4　糖果的拍摄

糖果的样式不同，展现的效果也不相同，但是它们有一个共同点，那就是色彩艳丽，如图 7-24 所示。一般消费者都希望糖果是美味的，这样才能更加放心地食用。因此，在拍摄糖果时，除了根据样式进行拍摄外，拍摄者还需要将糖果的美味展现出来，打动消费者的心，从而促使消费者产生购买行为。

图7-24　糖果

糖果的包装方式可以分为独立包装和散装两种，独立包装又分为袋装和盒装。在拍摄独立包装的糖果时，糖果的名称、品牌、生产日期等关键性文字需要展示出来，以增强消费者的信任感。拍摄散装糖果时，商品信息采编人员需要将镜头拉近，将糖果的形状和颜色真实地展示在图片中，图 7-25 所示为独立包装的糖果，图 7-26 所示为散装的糖果。

图7-25　独立包装的糖果

图7-26　散装的糖果

　　由于糖果数量较多，摆放在一起难免会出现缺少主体的情况，此时在构图上可将相同种类但颜色或形状不同的糖果放置在一个容器中，拍摄整体效果，从整体上增强消费者的购买欲望，如图 7-27 所示。拍摄者也可以增大光圈并拉近镜头，近距离突出糖果的形状和色泽，如图 7-28 所示。

图7-27　拍摄整体效果

图7-28　近距离突出糖果的形状和色泽

📋 **知识拓展**

茶叶的拍摄

　　茶叶品质的好坏主要体现在色、香、味、形 4 个方面。在拍摄的过程中，拍摄者要想借助拍摄技巧体现出茶叶是优质商品，可以对茶叶的包装、茶叶和茶汤等进行拍摄，还原茶叶的真实颜色，突出茶叶清醇、自然的特点，图 7-29、图 7-30、图 7-31 所示分别为茶叶的包装、茶叶和茶汤。

图7-29　茶叶的包装

图7-30　茶叶

图7-31　茶汤

下面介绍拍摄茶叶的技巧。

（1）包装是吸引消费者的关键，因此包装要拍摄清晰、一目了然，可采用全局光，尽量展示出包装的卖点，显得包装更有质感。

（2）可以采用逆光拍摄茶叶，这样拍摄出来的图片能让茶叶看起来更加新鲜。多用微距镜头拍摄细节，它可以让茶叶看起来更加生动、富有细节，并能表现出茶叶的质感和肌理。图 7-32 所示为茶叶细节图。

图7-32　茶叶细节图

（3）在拍摄茶叶时，拍摄者可以利用茶具、茶桌作为道具，尤其是木质茶桌，它的自然纹理、色泽都非常漂亮，可以将茶叶衬托得更有古典韵味，更美。图7-33所示为茶具、茶桌。

图7-33　茶具、茶桌

（4）好茶的汤色透亮，让人看了不免想品尝一口，拍摄者在拍摄时让茶叶和茶汤同时入镜，既能表现茶汤的色泽与通透，又能表现茶叶的品质，如图7-34所示。

图7-34　茶叶和茶汤同时入镜

（5）可以通过水蒸气表现茶的"禅意"。袅袅升起的水蒸气既能让画面更生动，也可以通过其形态和朦胧感营造画面意境。为了让水蒸气在画面中更突出，建议使用逆光或者侧逆光拍摄，同时使用较大的光圈，利用浅景深形成的虚化效果增强画面的氛围感，如图 7-35 所示。

（6）巧妙运用环境中的植物，制造意境。喝茶的环境多为幽静的庭院，植物是庭院中必不可少的景观。因此，拍摄者可将植物元素融入茶叶图片，让植物作为前景或者背景，以增加画面的层次、丰富画面的色彩、升华画面的意境，如图 7-36 所示。

图7-35　通过水蒸气表现茶的"禅意"　　　　图7-36　拍摄喝茶的环境

任务7.2　美食商品促销海报制作

美食商品促销海报是网店的重要宣传工具，其通过文字、图片和视频等元素传递给消费者重要的促销信息，加深消费者对商品的了解，从而激发他们的购买欲望。

微课 扫一扫

美食商品促销海报制作

7.2.1　美食商品促销海报设计标准

美食商品促销海报的设计要求比较高，其中有一定的内在规律和标准，这是设计师必须掌握的。美食商品促销海报的设计标准如下。

课堂讨论

说一说美食商品促销海报的设计标准有哪些。

1. 确定主题

在设计美食商品促销海报之前，设计师首先要确定促销主题，确定推广宣传的文字信息和内容。促销主题一定要明显，促销信息要放在海报中显眼的位置。促销信息的字号要够大，并适当添加特殊文字效果，这样视觉效果会更好。图 7-37 所示是促销主题为满减活动的海报，这样的海报可以使消费者了解促销信息，并且产生购买欲望。

图7-37　促销主题为满减活动的海报

2. 视觉冲击力强

一张美食商品促销海报能否取得成功，取决于其是否美观大方以及是否有视觉冲击力。海报必须要在几秒内吸引消费者的注意。如果美食商品促销海报不好看，消费者是不可能点击的。视觉冲击力强的海报如图 7-38 所示。

3. 主次分明

美食商品促销海报一定要主次分明，不要太花哨，版式布局要区分信息层级，分清楚商品层、文案层、背景层。如果整张海报的版式布局比较分散、元素分布过于平均，这样会使消费者不能迅速掌握关键信息。在图 7-39 所示的美食商品促销海报中，文字信息是分层次呈现的，设计逻辑也是按层次结构展开的。

辅助信息的字号应较小，如平台活动的限制和注意事项，这些信息可以放在海报的最下方，不需要太突出。

图7-38　视觉冲击力强的海报　　　　图7-39　主次分明的海报

4. 颜色搭配合理

商品促销海报中的颜色并不是越多越好，应尽可能搭配合理。美食商品促销海报中的主要颜色最好不要超过3种，颜色种类过多容易造成视觉疲劳。大部分促销主题的文字颜色一般为红色或白色，因为这两种颜色比较容易引人注目，如图7-40所示。

 专家指导

> 一种控制颜色数量的简单方法是按照6∶3∶1的比例配置颜色，也就是说，3种颜色的面积比为6∶3∶1。例如，主色为蓝色，那么其面积应该占60%左右；辅助色选择色环上与主色相距15°内的颜色，如黄色或者紫色，其面积应该占30%左右；点缀色选择色环上与主色在同一条对角线上的颜色，其面积应该占10%左右。

5. 适当添加装饰

海报大致设计完成后，可以在空白过多的地方适当地添加一些与促销主题相关的装饰，如图7-41所示。装饰不宜过多，以免喧宾夺主，同时整张海报应适当留白，这样给人的感觉会更好。

图7-40　促销主题的文字使用红色　　图7-41　适当添加装饰
　　　　　或白色

7.2.2　美食商品促销海报设计思路

一张好的美食商品促销海报既可以吸引消费者进入网店，还可以生动地传达网店的商品信息和各类促销活动情况，这是网店必不可少的宣传工具。下面介绍美食商品促销海报的设计思路。

1.　突出促销主题

美食商品促销海报必须有一个明确的主题，海报中所有的元素都必须围绕这个主题展开。要想使网店的商品在同行业众多相似的商品中脱颖而出，设计师在创作美食商品促销海报时，需要抓住并强调商品与众不同的特征，并把它们鲜明地表现出来。促销主题一般是降价、打折，这些信息要放在视觉焦点上，要突出并放大，如图 7-42 所示。

2.　突出促销时间

在设计美食商品促销海报时，促销时间一定要显示，或做成动画效果，让时间跳动，使人产生紧迫感，这样更容易促使消费者下单购买。促销时间应放在促销主题附近。图 7-43 所示为促销时间突出。

图7-42　促销主题突出　　　　　图7-43　促销时间突出

3. 合理夸张

夸张是指对商品的某种品质或特性进行夸大，以加深消费者对这些品质或特性的认识。采用这种手法不仅能鲜明地强调商品的品质，还能使美食商品促销海报产生一定的艺术效果。夸张手法的运用可以使商品的特征更加鲜明、突出和动人，如图7-44所示。设计师在使用夸张手法时，要注意夸张的程度，不要脱离实际，否则会引起消费者的反感。

图7-44　合理夸张

现如今，伴随中国风的热度逐渐上涨，越来越多的国货品牌开始运用中国风海报进行宣传，以传统符号与装饰元素为基础，将品牌理念与调性暗含其中，以潮流设计展现国货风采。于是更多的民族风元素被用于海报设计，如全友家居的海报就在欧式装修风格的基础上融入中国风的配色与装饰，形成了这种既与国际接轨又保有传统文化符号的新中式感。

中国是一个具有悠久历史和灿烂文化的文明古国，为世界创造了举世闻名的辉煌艺术成就。我们自己的风格就是一种文化，中国风向我们传达的是集中国元素、中国理念、中国文化于一身的设计风格。网店海报设计所要体现的是中国元素的内涵，而不是简单的图形或元素，所以设计师要从历史中提炼出文化的精髓和核心内容，以此来对网店进行设计。

7.2.3　美食商品海报制作

下面使用 Photoshop 制作美食商品海报，具体操作步骤如下。

（1）启动 Photoshop，打开"美食商品海报背景"图片，如图 7-45 所示。

（2）选择"文件"|"置入嵌入的对象"命令，弹出"置入嵌入的对象"对话框，在对话框中选择要置入的图片"美食"，单击"置入"按钮，如图 7-46 所示。

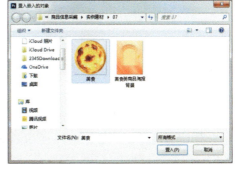

图7-45　打开图片　　　　　　　　图7-46　置入图片

（3）置入图片后，单击图片对角线处的小方块，按比例调整图片的大小，调整后的效果如图 7-47 所示。

（4）选择"图层"|"图层样式"|"外发光"命令，弹出"图层样式"对话框，在对话框中设置不透明度为 36%，大小为 114 像素，如图 7-48 所示。

（5）设置外发光样式后的效果如图 7-49 所示。

（6）选择工具箱中的"圆角矩形工具"，在文档窗口中绘制圆角矩形，如图 7-50 所示。

图7-47　调整后的效果

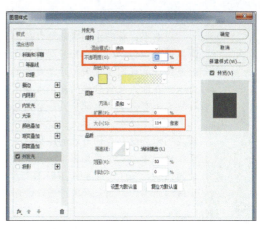

图7-48　设置外发光样式

图7-49　设置外发光样式后的效果

图7-50　绘制圆角矩形

（7）在"属性"面板中设置圆角矩形的填充颜色为"黄色"，描边颜色为"红色"，描边宽度为"2 像素"，半径为"68 像素"，如图 7-51 所示。

（8）在圆角矩形内输入文字"美食新品上市大促销"，在"属性"面板中设置字体为"华文琥珀"、字号为"30 点"、颜色为"红色"，如图 7-52 所示。

（9）输入文字"活动时间：2023 年 1 月 1 日—1 月 12 日"，在"属性"面板中设置字体为"黑体"、字号为"16 点"、颜色为"红色"，如图 7-53 所示。

（10）选择工具箱中的"矩形工具"，在文档窗口中绘制矩形，在"属性"面板中设置矩形的填充颜色、描边颜色、描边宽度，如图 7-54 所示。

图7-51　设置圆角矩形的属性

图7-52　输入文字并设置属性

图7-53　输入活动时间文字并设置属性

图7-54　绘制矩形并设置属性

（11）输入文字"全场满 199 元立减 30 元，点击领取大礼包"，在"属性"面板中设置字体为"黑体"、字号为"16 点"、颜色为"黄色"，如图 7-55 所示。

图7-55　输入文字并设置属性

任务7.3　美食商品详情页设计

美食对于消费者的吸引力是巨大的，商家应该在美食商品详情页上多下功夫，将美食商品详情页设计得更精美，这样有助于激发消费者的食欲，提升商品转化率。

7.3.1　美食商品网店经营分析

如今网上购物越来越受到消费者的欢迎，通过电商平台购买美食商品的消费者也越来越多。商家经营美食商品网店的注意事项有以下几点。

1. 体现特色

销售美食商品的网店通常都有自己的特色，尤其是销售地方特色美食商品的网店，更要把自己的特色展现出来。商家可以利用带有地域特色、被社会公认的标志性东西进行展现，这些东西可以是民族的服饰风格或饮食风格，也可以是地域性的商品图片，如图7-56所示。

2. 采用暖色

暖色可以让消费者有好心情、好胃口，感到愉悦、舒畅。暖色商品图片如图7-57所示。

图7-56　地域特色

图7-57　暖色商品图片

3. 突出环保、健康

绿色环保是人们共同追求的目标，体现了人们对健康的渴求、对生命的热爱。在装修美食商品网店时要注意突出商品的环保、健康，因此商家可选择绿色、蓝色等作为主色调，如图 7-58 所示。

图7-58　突出环保、健康

4. 注重进货与定价

正所谓"一个良好的开端是成功的一半"，合理的进货与定价是打开市场的第一步。

7.3.2　制作商品详情页卖点说明部分

对于美食商品详情页来说，消费者会十分重视其卖点说明，因此商家可以通过增加卖点说明来获得消费者的信任。下面使用 Photoshop 制作商品详情页卖点说明部分，具体操作步骤如下。

（1）启动 Photoshop，打开"商品详情页卖点说明部分背景"图片，如图 7-59 所示。

（2）选择"文件"|"置入嵌入的对象"命令，弹出"置入嵌入的对象"对话框，在对话框中选择要置入的图片"面包"，单击"置入"按钮，如图 7-60 所示。

图7-59　打开图片

图7-60　置入图片

（3）置入图片后，单击图片对角线处的小方块，按比例调整图片的大小，调整后的效果如图 7-61 所示。

（4）选择"图层"|"图层样式"|"外发光"命令，弹出"图层样式"对话框，在对话框中设置不透明度为 40%，大小为 100 像素，范围为 50%，颜色为黄色，如图 7-62 所示。

图7-61　调整后的效果　　　　　图7-62　设置外发光样式

（5）设置外发光样式后的效果如图 7-63 所示。

（6）选择工具箱中的"圆角矩形工具"，在文档窗口中绘制圆角矩形，在"属性"面板中设置圆角矩形的填充颜色为"橙色"，描边宽度为"1 像素"，半径为"10 像素"，如图 7-64 所示。

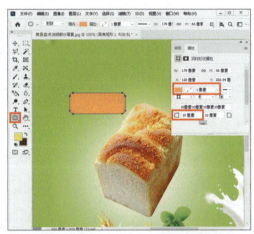

图7-63　设置外发光样式后的效果　　　图7-64　绘制圆角矩形并设置属性

（7）选择"图层"|"图层样式"|"描边"命令，弹出"图层样式"对话框，在对话框中设置大小为 2 像素，填充颜色设为黄色，如图 7-65 所示。设置描边

样式后的效果如图 7-66 所示。

（8）复制多个圆角矩形并移动其位置，如图 7-67 所示。

（9）在圆角矩形内输入相应的文字，在"属性"面板中设置文字属性，如图 7-68 所示。

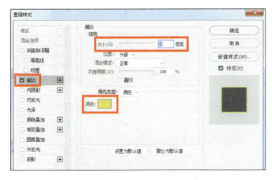

图7-65　设置描边样式

图7-66　设置描边样式后的效果

图7-67　复制圆角矩形

图7-68　输入文字并设置属性

课后提升案例 ↓

案例1　拍摄速食热干面

热干面是非常有名的小吃，本例拍摄速食热干面，在拍摄时不仅要体现该商品配料正宗、分量充足的特点，还要通过烹饪过程来表现该商品色、香、味俱全的特点，具体操作步骤如下。

（1）将一盒热干面放在木桌上，打开包装，将里面的各种配料包取出来拍摄，如图 7-69 所示。尽量在自然光下拍摄商品，若光线过暗，可以从商品右后方进行补光。

图7-69　打开包装拍摄

（2）单独拍摄各个部分。首先整理面条，将面条略微弄散后放在案板上，呈现蓬松量多的效果，然后在旁边放上面粉进行点缀，暗示该面条原料取自优质小麦，如图 7-70 所示。最后将各种配料分别放入小碟中拍摄，如图 7-71 所示。

图7-70　单独拍摄面条

图7-71　拍摄各种配料

（3）在煮好的面条上撒上酸豆角、芝麻酱、油泼辣子、葱花等，并将餐盘放到桌面上，呈现热干面商品最终的面貌，如图 7-72 所示。

（4）用筷子夹起一定数量的面条，采取上一步的手法装点面条，并用微距镜头拍摄面条。从图 7-73 中可以看出，该速食热干面色泽鲜明，让人胃口大开。

图7-72　热干面商品最终的面貌　　　　图7-73　用微距镜头拍摄面条

想一想

如何拍摄速食热干面？

案例2　设计美食商品详情页

下面使用 Photoshop 设计美食商品详情页，具体操作步骤如下。

（1）启动 Photoshop，打开"美食商品详情页背景"图片，如图 7-74 所示。

（2）选择"文件"|"置入嵌入的对象"命令，弹出"置入嵌入的对象"对话框，在对话框中选择要置入的图片"鸡蛋"，单击"置入"按钮，如图 7-75 所示。

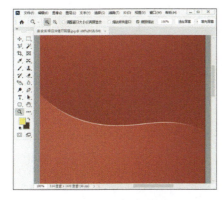

图7-74　打开图片　　　　　　　　图7-75　置入图片

（3）置入图片后，单击图片对角线处的小方块，按比例调整图片的大小，调整后的效果如图 7-76 所示。

（4）选择"图层"|"图层样式"|"外发光"命令，弹出"图层样式"对话框，在对话框中设置不透明度为 30%，大小为 100 像素，范围为 50%，颜色为黄色，如图 7-77 所示。

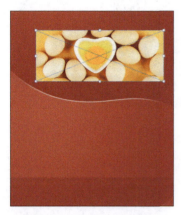

图7-76　调整后的效果

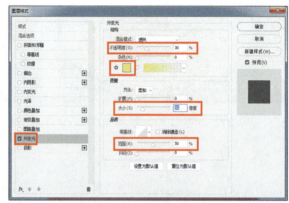

图7-77　设置外发光样式

（5）设置外发光样式后的效果如图 7-78 所示。

（6）选择工具箱中的"直线工具"，在文档窗口中绘制直线，在工具选项栏中设置填充颜色为"白色"，描边宽度为"2 像素"，描边颜色为"橙色"，高度为"5 像素"，如图 7-79 所示。

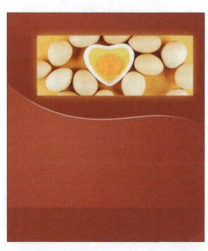

图7-78　设置外发光样式后的效果

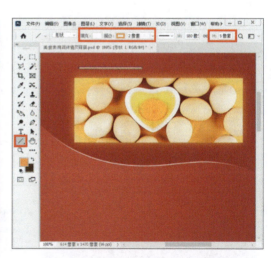

图7-79　绘制直线并设置属性

（7）选择工具箱中的"横排文字工具"，在直线上输入文字"品质鲜鸡蛋"，在"属性"面板中设置字体为"黑体"，字号为"24 点"，颜色为"白色"，如

图 7-80 所示。

（8）使用同样的方法导入其他素材并输入相应文字，最终效果如图 7-81 所示。

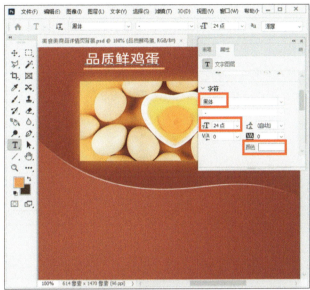

图7-80　输入文字并设置属性　　　　图7-81　最终效果

实训1　了解美食商品拍摄的注意事项

【任务描述】

小组内部交流、讨论美食商品拍摄的注意事项有哪些，并填写表 7-1。

表 7-1　美食商品拍摄的注意事项

序号	注意事项	具体内容
1	突出食品的口感	

续表

序号	注意事项	具体内容
2	添加餐具	
3	注意摆盘方式	
4	从不同角度拍摄	

实训2　了解美食商品促销海报的设计思路

【任务描述】

小组内部交流、讨论美食商品促销海报的设计思路，并填写在表 7-2。

表7-2　美食商品促销海报的设计思路

序号	设计思路	具体内容
1	突出促销主题	
2	突出促销时间	
3	合理夸张	

实训项目评价 ↓

序号	技能评价指标	分值	得分
1	了解菜品和主食类食品拍摄的注意事项	20	
2	掌握巧克力、水果、糖果等商品的拍摄	20	
3	掌握美食商品促销海报的设计标准和设计思路	20	
4	掌握美食商品促销海报的制作	20	
5	掌握美食商品详情页的设计	20	

课后自测题 ↓

一、选择题

1. 食品的口感主要通过（　　　）的布置来突出。

A. 光线　　　　　　　　　　　B. 参照物

C. 餐具　　　　　　　　　　　D. 包装盒

2. （　　　）可以让食品的色彩和口感都得到很好的刻画。

A. 黑暗的光线　　　　　　　　B. 明亮的光线

C. 侧光　　　　　　　　　　　D. 逆光

3. 在设计美食商品促销海报之前，首先要确定（　　　），确定推广宣传的文字信息和内容。

A. 字体　　　　　　　　　　　B. 颜色

C. 促销主题　　　　　　　　　D. 促销内容

4. （　　　）把购物券作为礼物赠送给消费者，以购物券的形式给消费者提供优惠。

A. 包邮　　　　　　　　　　　B. 打折促销

C. 积分促销　　　　　　　　　D. 满额送

二、判断题

1. 食品的口感主要通过光线的布置来突出。（　　）

2. 若拍摄表面光滑的巧克力，可选用硬光；而表面粗糙的巧克力则多使用软光进行拍摄。（　　）

3. 容器对于水果拍摄来说也至关重要，因此容器需要拍摄完整。（　　）

4. 在拍摄茶叶时，拍摄者可以利用茶具、茶桌作为道具。（　　）

5. 夸张手法的运用可以使商品的特征更加鲜明、突出和动人，因此越夸张越好。（　　）

三、简答题

1. 巧克力的拍摄有哪些注意事项？

2. 水果的拍摄有哪些注意事项？

3. 糖果的拍摄有哪些注意事项？

4. 美食类商品促销海报设计标准是怎样的？

5. 美食类网店经营注意事项有哪些？